# 商业银行网点
# 转型赋能

THE TRANSFORMATION AND ENGERGIZATION
OF COMMERCIAL BANK OUTLETS

正 堂 编著

中国金融出版社

责任编辑：贾　真
责任校对：李俊英
责任印制：丁淮宾

图书在版编目（CIP）数据

商业银行网点转型赋能／正堂编著 . —北京：中国金融出版社，2020. 5
ISBN 978-7-5220-0568-3

Ⅰ . ①商…　Ⅱ . ①正…　Ⅲ . ①商业银行—商业服务—研究—中国　Ⅳ.
①F832. 33

中国版本图书馆 CIP 数据核字（2020）第 049470 号

商业银行网点转型赋能
Shangye Yinhang Wangdian Zhuanxing Funeng

出版
发行　中国金融出版社

社址　北京市丰台区益泽路 2 号
市场开发部　（010）66024766，63805472，63439533（传真）
网 上 书 店　www.cfph.cn
　　　　　　（010）66024766，63372837（传真）
读者服务部　（010）66070833，62568380
邮编　100071
经销　新华书店
印刷　保利达印务有限公司
尺寸　169 毫米×239 毫米
印张　11. 75
字数　160 千
版次　2020 年 5 月第 1 版
印次　2022 年 11 月第 3 次印刷
定价　48. 00 元
ISBN 978-7-5220-0568-3
如出现印装错误本社负责调换　联系电话(010)63263947

# 目录
CONTENTS

# 自序

面对银行业网点转型之"大变局"，
我们一直在探索！

正堂

## 一、当前商业银行网点面临巨大的挑战

在商业银行整体面临巨大挑战的背景下，作为商业银行的前沿阵地——商业银行网点面临的挑战越来越大。一方面，离柜率越来越高。中国银行业协会发布的《2018 年中国银行业服务报告》数据显示，截至 2018 年末，全国银行业共有营业网点 22.86 万个，银行业离柜率（电子替代率）为 88.67%。另一方面，网点见客率越来越低，因而网点关停潮不绝于耳。据报道，仅 2017 年，全国银行业金融机构营业网点就关停 1426 个，国内关停网点数量首次超过净增网点数量。据此，有部分专家学者认为银行网点将逐渐走向消亡。

商业银行网点的未来出路在哪里？当前，5G、AI 智能、生物识别、大数据、云计算快速发展，银行网点应如何抓住"金融＋科技"的历史机遇，让科技为银行赋能？应如何打造智慧银行？从目前来看，千店一面的传统银行网点建设方式已经很难满足现代用户的个性化体验需求，网点建设的特色化之路势在必行。这些问题目前正严峻地摆在了所有从业者的面前。这是一个刻不容缓需要解决的课题。

## 二、面对挑战，我和团队做了什么

作为一个专注从事商业银行网点转型升级整合服务十余年的公司领军人和实践者，我带领我的团队策划执行了上百家银行网点的转型建设，从网点标准化、轻型化设计到网点人性化、特色化打造再到网点智慧化、生态化升级，我们在与银行业同仁的合作中裂变成长。我一直希望能把我和团队这些年来对银行业服务的经验及同业专家们的知识成果进行系统性的总结和梳理，构建形成网点转型模型理论体系，为下一步网点转型提供对策、思考、建议，共同助力民族银行业的发展。

感谢在大学研读提升的机会，我与我的团队在我的商学院 MBA 导师

的帮助下开展了"商业银行网点转型升级赋能"的课题研究,我们站在行业的角度,总结过往经验,凝聚专家智慧,对正处于转型变革期的商业银行网点转型进行专项研究,采用专家访谈、数据驱动、客户之声调查等形式,找到网点转型成功的范式。

### 三、本书的核心观点及本书的特点

在这个世界上,变化是唯一不变的主题。以客户为中心,急客户之所急,急客户之所需,急客户之所盼,全面满足人民对美好生活的向往就是网点转型发展的必由之路,这也是明天的网点,也是明天的新金融。那么,经过系统的研究,本书有什么核心观点?并且在什么方面能够帮到您呢?

1. 明晰网点转型方向。在调研同业及自身的基础上,本书提出了代表网点转型的五角星形模型,为银行业网点转型指明了方向。

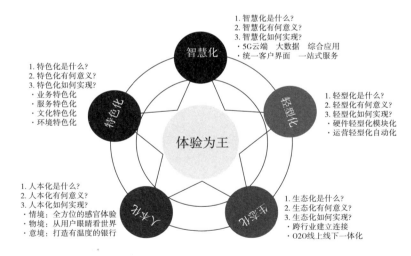

图1 商业银行网点转型升级赋能模型

2. 案例呈现便于网点转型落地。本书总结分享了目前网点转型的实战成功案例,方便同业学习与参考。本书由点到面,由浅入深,理论与实践相结合,使本书具有较强的实用性。

3. 总结提炼了商业银行网点未来的四大客户群。通过研究在线调查问卷，本书真正挖掘了明天的商业银行客户群：新中产、新生代、长尾客户和银发客户。本书专门对未来的客户群进行了全方位分析。

4. 开放式交流互动促进步。本书作者团队利用深耕网点转型的契机，构建多方互动交流的平台，促进银行业网点的转型发展，推动中国银行业的发展。

本书是团队合作的结果，许多前辈和业界朋友对此课题的研究提供了宝贵的帮助与支持。在此向他们表达最诚挚的敬意！本书虽然是作者多年管理实践及研究心血所成，但是，由于作者的水平有限，书中不妥之处，敬请读者批评指正！

## 第一章

# 焦虑时代

## 银行网点何去何从

那是最好的时代，也是最坏的时代。那是智慧的时代，也是愚蠢的时代。那是信仰的时期，也是破灭的时期。那是光明的季节，也是黑暗的季节。那是希望之春，也是绝望之春。我们面前应有尽有，我们面前一无所有。我们正走向天堂，我们都正在走向另一方向。

——狄更斯（著名英国作家）

著名英国作家狄更斯的这段话，生动诠释了商业银行面临的窘境。银行的网点转型走在一个十字路口。沉舟侧畔，千帆竞发；病树前头，万木逢春。商业银行进入一个焦虑时代，急切寻找如何能将危机变成机遇的答案。

我国银行物理网点众多，根据中国银保监会金融许可证的查询，截至2018年5月28日，登记在册的全国物理网点228828家。从空间上看，全国银行物理网点主要集中于东部、中部及东北部。但是随着AI的快速发展，AI取代人力、电子银行取代物理网点的呼声越来越高，就如悬在银行物理网点头上的"达摩克利斯之剑"，尤其在互联网第三方支付、网络银行等的夹击下日渐受压，越来越多的银行物理网点关闭。

银行身陷低迷业绩与互联网公司冲击，亟须"破局"之道。

## 一、增长乏力：银行业面临增长困境，行业 ROE 持续下滑、营收增长停滞不前

从2013年开始，中国银行业的经营环境日益严峻，利率市场化导致利差缩减（主要银行净息差平均为1.82%），银行业各项核心指标显著下滑——行业平均股本回报（ROE）已从2013年的21%下降到2018年的14%；净利润增速下滑明显，平均净利润增速仅为6%，净息差下滑，不良率上升。多家银行业务条线收入增速放缓，资金业务持续收缩，全行业整体负债成本率过高，规模驱动的发展模式难以为继，转型迫在眉睫。

随着经济下行挑战及利率市场进程持续推进，银行资产管理提出新要求，银行利润空间进一步压缩。如图1-1所示，近年来，商业银行利润增长呈现疲软态势。

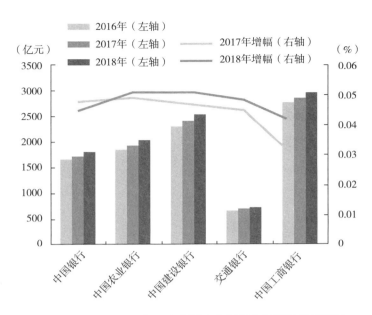

**图 1 - 1　2016—2018 年五家大型商业银行净利润及增长情况**

资料来源：根据各大商业银行年报整理。

图 1 - 2 显示了 2016—2018 年五家大型商业银行净资产收益率情况。2018 年净资产收益率较高的为中国建设银行和中国工商银行，分别为 13.56% 和 13.36%，净资产收益率最低的为交通银行（10.75%）。从三年的变化趋势来看，2017 年和 2018 年五家大型商业银行净资产收益率均呈现下降的趋势，下降幅度较大的银行分别为交通银行（6.47%）和中国农业银行（6.86%），说明五家大型商业银行的资产盈利能力在逐步下降。①

毋庸置疑，中国银行业的经营环境日益严峻，银行业各项核心指标显著下滑，规模驱动的发展模式难以为继，转型发展迫在眉睫。这是不得不面对的一个新时代。

---

① 韩晓宇. 2018 年五大国有商业银行年报分析 [J]. 银行家杂志，2019（5）.

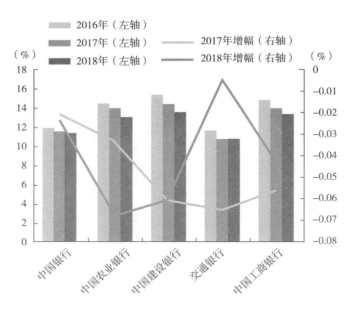

图1-2 2016—2018年五家大型商业银行净资产收益率（ROE）情况

资料来源：根据各大商业银行年报整理。

## 二、外部冲击：拥有大量生态圈场景的互联网企业将金融产品嵌入生态，掠夺传统银行业客户，挑战银行的商业模式

在中国，互联网金融行业过去五年中得到了极大的增长，且已经成为世界领先国家之一。截至2018年末，中国互联网金融用户数已经超过了8亿人，为世界用户基数最大国。[1] 2018年，中国第三方互联网支付交易规模达到29.1万亿元，同比增长3.6%。[2] 中国已经成为世界最大的第三方支付市场。其实，早在2017年，中国第三方互联网支付年交易额已经超过了22万亿美元，远远超过了中国银行卡消费类交易额的11万

---

① 数据来源：CNNIC第42次《中国互联网络发展状况统计报告》。
② 数据来源：前瞻产业研究院于2019年发布的《中国第三方支付行业"十三五"市场前瞻与发展规划分析报告》。

亿美元。同样，早在 2017 年第二季度，余额宝的 AUM 就达到 2234 亿美元，超越了国内第六大行——招商银行同期的零售存款余额，令银行业感受到了显著的冲击。①

伴随着金融科技的发展，商业银行面临的挑战越来越大。

图 1 – 3 　FinTech 一站式服务客户所有需求

图片来源：Randy Bean. How FinTech Initiative are Driving Financial Services Innovation ［EB/OL］. https：//www. forbes. com/sites/ciocentral/2018/07/10/how-fintech-initiative-are-driving-financial-services-innovation/#3f8d2ffd54fa.

金融科技（FinTech）由英文单词 FinTech 翻译而来，FinTech 则是由金融（Finance）与科技（Technology）两个词合成而来。金融科技，主要是指那些可用于撕裂传统金融服务方式的高新技术。借助金融科技，互联网进攻者们将金融与非金融场景无缝对接，一站式服务客户的所有

---

① 　数据来源：麦肯锡管理咨询公司于 2018 年 8 月发布的《时不我待、只争朝夕：中国银行业布局生态圈正当时》。

需求。在这一驱使下，他们将触角向支付、信贷、财富管理、征信等领域延伸。

在互联网金融蓬勃发展的热潮中，国内已经涌现出了多个互联网巨头将场景与金融融合。阿里巴巴旗下的支付宝与腾讯旗下的财付通获得了中国 90% 移动支付的市场占有率；京东旗下的创新型消费金融产品"京东白条"走向线下；苏宁的金融平台主打供应链金融产品，满足上下游的融资需求。同时，也不乏互联网金融新贵涌现，如陆金所成为国内首屈一指的投融资平台；互联网小贷公司趣店 2017 年末于纽约交易所上市，市值一度高达 110 亿美元；东方财富旗下的天天基金网在 2017 年实现基金销售额 4124 亿元，领跑其他第三方基金销售公司。①

### 三、商业银行面临转型发展大挑战

在内外部压力的双重冲击下，商业银行正面临前所未有的大挑战②。

### （一）"金融脱媒"的挑战

"金融脱媒"是指在金融管制的情况下资金不经过商业银行而到达融资者手里，就是指资金的供给绕开了商业银行这个媒介，直接输送给需求方，造成资金的"体外循环"。这将进一步蚕食银行的客户关系，导致客户逐步流失。"网点脱媒"是受"金融脱媒"的影响，特别是随着互联网的普及和电子商务的迅猛发展，网上银行作为一个全新金融服务渠道和平台，正在逐渐取代传统的银行结算渠道，其发展的结果，将是银行网点的门庭冷落。

---

① 数据来源：前瞻产业研究院于 2019 年发布的《中国第三方支付行业"十三五"市场前瞻与发展规划分析报告》。

② 倪以理，Jacob Dahl，曲向军，等. 时不待我，只争朝夕，中国银行业布局生态圈正当时 [EB/OL]. https：//www.mckinsey.com.cn/.

### （二）"产品与服务解绑"的挑战

互联网新金融平台将曾经高度绑定的银行产品和服务（如支付和存款）解除绑定，根据客户需求重组银行产品，变得碎片化、场景化、模块化。

### （三）"商品透明化"的挑战

在互联网金融下，客户可通过线上渠道比较银行产品与服务，更加商品化和透明化。银行的产品与服务的价格可谓透明化。

### （四）"品牌隐形化"的挑战

传统的大银行的品牌正在逐步下沉。客户多与前端互联网平台发生接触，在不知晓品牌的情况下使用金融服务，银行的品牌认知度降低。

作为被时代洪流裹挟前进的银行从业者，不禁疑惑，敢问路在何方？未来何去何从？

## 四、举棋难定：商业银行网点正走在一个没有路标的十字路口

在商业银行整体面临巨大挑战的背景下，作为商业银行的前沿阵地——商业银行网点面临的变革更加巨大。

让我们来看下面两个场景。

**场景一**　**北京 52 家社区银行关门谢客　开业网点大多门可罗雀**[①]

以抢占"最后一公里"为目标的社区银行，曾几何时被寄予厚望，

---

① 彭妍. 今年北京52家社区银行关门谢客　开业网点大多门可罗雀 [EB/OL]. https：//www. chinanews. com/fortune/2017/08－22/8310655. shtml.

如今却纷纷关门谢客。

冷冷清清、鲜有访客、驻点人员回支行网点帮忙——这是《证券日报》记者近日走访社区银行时看到的普遍现象。

此外，据《证券日报》记者独家统计，从 2017 年初至 8 月 15 日，监管部门批复同意了北京地区约 52 家社区支行终止营业。

### 社区银行门庭冷落

在北京市某繁华地段，记者通过地图搜索了方圆 4 公里内的社区银行，逐一进行了走访调查。地图上显示的 5 家社区银行网点中，有 3 家还在正常营业。正常营业的 3 家社区银行，与普通银行严肃专业的氛围不同，其装潢总体风格是亲民的居家风，等候区一般是沙发和茶几，不存在带着玻璃隔板的"高柜"，每家社区银行一般安排一两名员工，另外还会配备一名保安人员。

据记者了解，理财产品、存款、信用卡是社区银行的重点推介业务，特别是理财产品。一般而言，社区银行门口会摆放各种各样的招牌，如近期热销理财产品。

在位于××中街的某股份银行社区银行，门口张贴了很多广告，但里面十分冷清，包括保安在内只有 2 名工作人员。记者找借口停留了半个小时也不见其他顾客前来。银行工作人员告诉记者，"该网点共 4 名工作人员，其中两位休假，店长出门跑业务，一般只有 1 名工作人员守店，我们除了现金业务不能办，其他业务基本都可以办。"

但是，当记者表示想购买理财产品时，该名工作人员却表示，负责风险评估的同事不在，"我本人需要重新参加考试才有资格给客户做风险评估，因此目前您暂时买不了理财产品。"

另外 2 家社区银行中，1 家已经没有了银行的业务人员，仅剩 ATM 还可以正常使用；另外 1 家虽然门牌还在，却在门外贴着"搬迁公告"，所有的设备机器已经搬走，房间内也空无一人。

仅剩 ATM 还可以正常使用的社区银行，与隔壁宽敞明亮的商业银行支行网点不同，占地不过十余平方米，且坐落于一家社区美容院与某银行网点之间。记者发现，工作时间该社区银行大门紧闭，只有一名保安在外面值守。据了解，原先该社区银行有3台自助存取款机、1台自助查询机，目前只有2台自助存取款机还可以使用，其余2台设备已经被拆除。另外，记者发现大门上还留有银行工作人员的联系方式，记者拨打电话号码后，工作人员告诉记者："这段时间我们银行支行网点人手不够，所以就没有派人去社区银行网点，社区银行主要业务是自助存取款；我们的工作人员有时也会去，主要是维护设备以及加钞。"

据保安介绍，基本上没有储户来社区银行网点办理需要人工服务的业务，一天只有不到10个人来使用这里的自助存取款机，因此银行的工作人员平时很少来社区银行坐镇，"大门紧闭是常有的事，我们也是被派来轮岗的"。记者在门口观察了一个小时，仅有1个顾客使用自助机具取款。

同样位于××中街，另一家股份制银行的社区银行网点大门紧闭，里面也是空无一人，所有的机器设备都已经被拆除，只留下一片残迹。玻璃大门上贴着的公告显示，该社区银行的业务移至另外一个银行网点办理，并且还留有联系人的电话和地址路线。据了解，这家社区银行所在的门面房已经开始重新招租。

### 6月至7月，25家社区银行歇业

如果从2013年6月兴业银行的全国第一家社区银行在福州开业算起，社区银行在我国已经走过了近4年的历程。社区银行兴起之初，业内人士纷纷看好其业态、发展前景，各大银行也争相布局，在短暂的时间里，社区银行网点曾呈现出快速增长的态势。然而如今，社区银行已不是当初想象的模样。一方面，社区银行门庭冷落，难以完成任务；另一方面成本居高不下。同时，面对网络金融的飞速发展，社区银行的存在显得有些鸡肋。

某股份制银行社区银行网点的工作人员对《证券日报》记者表示，

"我们这个网点包括租金、装修、水电费、设备维护及人工成本等各种费用在内，目前每年的成本在 30 万元左右，确实有不小的成本压力"。

多家社区银行网点的工作人员坦言，"每天绝大多数时间都很闲，之前针对社区银行客户推出了特供理财产品的预期收益率会高出同类产品，有不少客户前来咨询，热闹了一阵子。但是现在'社区专享'产品的收益率已没有任何优势，与网上银行及银行网点的理财产品都一样。随着各家银行互联网业务的发展，购买理财产品、缴纳水电费等社区银行曾经的核心业务，其实根本不需要到社区银行办理，直接在手机银行或者网上银行就可以完成，因此来社区银行的顾客就更少了"。

社区居民和储户也向本报记者吐槽了多家社区银行的过于随意。有居民表示，"我家门口的社区银行有时开门，有时不开门，有时很早就关门了"。记者也发现，有些社区银行的工作人员佩戴的胸牌甚至不是其本人，而工作人员却表示，自己的胸牌没带，就随便拿了一个其他工作人员的。另外，据记者了解，很多人不信任社区银行，而是选择去银行网点办业务，觉得更放心。

业内人士表示，当前社区银行最大的问题在于获客质量较低和商业模式的不成熟，导致盈利可能性较小。社区银行在一定程度上的确为老百姓提供了方便，但是，租金、人工成本、装修、水电、设备维护等各种费用在内，社区银行的盈利面临考验。同时，随着移动支付及互联网理财产品的快速崛起，不少社区银行逐渐沦为自助机具功能；发展社区金融并不是简单地将网点开进社区，应积极主动推动其转型发展，要将人缘、地缘做透，增强社区居民客户的黏性。

## 场景二  商业银行网点柜员担心被机器代替而失业①

对金融业来说，新技术的冲击不可避免。创新工场董事长兼 CEO 李开复曾公开表态，人工智能在中国爆发的第一个且最大的领域一定是金融，未来十年，80% 的金融从业者会可能会被人工智能（AI）取代，纯数字领域的金融，是人工智能最好的应用领域之一。

**金融科技时代来临  人工智能开始重新定义银行业**

2010 年 5 月 15 日，世界上很多大媒体都刊登了一则消息：ATM 之父——约翰·谢珀德·巴伦先生（John Shepherd - Barron）因病逝世。在 43 年前的 1967 年，当第一台 ATM 出现在伦敦北部的巴克莱银行伦敦北区支行时，或许连约翰·谢珀德·巴伦自己也未曾想到，他发明的自动提款机（ATM）会开启银行与科技融合发展的新时代。

如今不过短短 50 年，移动支付、智能投顾、大数据风控、人脸识别、金融智能聊天机器人、自动开户机等新技术都已经渗入银行的各个角落。然而，在新技术提高银行运营效率、改变世界上数十亿人生活的同时，也伴随着对银行员工血淋淋的替代。

2000 年顶峰时期，高盛集团在纽约总部的美国现金股票交易柜台雇用了 600 名交易员，替投行金主的大额订单进行股票买卖操作。但时至今日，在 200 名计算机工程师的技术支持下，自动化交易程序已经接管了高盛集团纽约总部大多数日常工作量。具备机器学习能力的复杂交易算法，已经可以取代那些市场定价依赖性较高的交易员。这里只剩下 2 名股票交易员"留守空房"！

---

① 王晓丽．十年后当银行 80% 工作岗位消失  什么人不会被淘汰？［EB/OL］．http：//bank．jrj．com．cn/2017/08/27122323007560．shtml．场景二中的图片都来源于此。

图 1　8 年前瑞银集团的交易大厅

图 2　现如今的瑞银集团的交易大厅

目前，高盛集团现在三分之一的员工是计算机工程师。瑞银集团的交易员被替代的经历，只是全球银行业的一个缩影。

富国银行表示，将关闭 400 家线下门店，将其替换为自动化系统和在线银行产品。

德意志银行宣称引入人工智能系统检查员工合规情况。

苏格兰皇家银行发布将采用线上 AI 客服系统，这个客服系统可以根据客户的语调来作出反应。

德国商业银行宣布，到 2020 年将使银行中 80% 的工作数码化、自动化，最终将会裁掉 9600 名员工。

以色列工人银行在特拉维夫市开设了以色列第一家全数字化网点，该银行网点一个银行员工都没有。

摩根大通于 2018 年 7 月投入使用的一款金融合同解析软件 COIN，通过机器学习和加密云网络技术，负责处理智能合约及解析商业贷款协议，在几秒内就能将原先律师和贷款人员每年需要 36 万小时做完的工作完成，在大大降低错误率的同时保证全年无休。

......

很显然，曾经由人类主宰的金融领域，正发生着巨大的变革。

### 未来许多人失业无法避免　什么人不会被淘汰

伴随金融科技的发展，"人工智能可能让银行职员和分析师们失业""华尔街将失守"等新闻屡见报端，从而引发了众多银行人的担忧。

那么，新技术究竟将如何影响大银行中的员工人数？什么人不会被淘汰？

瑞银 COO Axel Lehmann 表示，在未来的 4～8 年里，机器人和人工智能将彻底地颠覆银行业务。有一些银行岗位会消失，因为实现的机器人和自动化程度越高，将来在一定程度上取代当下用人力完成的工作越多，但是很多人工智能无法替代的工作岗位会依然存在。

《人类简史》被比尔·盖茨和扎克伯格列为必读书。《人类简史》作者、以色列耶路撒冷希伯来大学历史系教授尤瓦尔·赫拉利也在"未来已来"全球人工智能高峰论坛上表示，在未来二三十年，大部分单一重复、流程化、体系化的工作将容易被取代，如证券市场交易员、银行柜员等。相反，那些需要更多创新能力和协调能力的工作，以及需要具有比较灵活的高技能工作是不容易被取代的。

"某种意义上来讲，银行业属于典型的服务行业，很多业务需要通过真正地深入交流及充分地沟通才可以了解和明白客户的真实需求和风险偏好。而这些完全跟人、环境、心情、经验及交流双方的契合度相关的非常人性的工作，是机器所无法替代的，如客户经理等一线营销岗位员工。"一位业内人士表示。

"金融科技对人的替代是一个螺旋上升的过程。目前，我们无须太担忧被新技术抢去饭碗从而失业下岗，在短期内考虑那些比较切实的问题更为重要，比如如何借助人工智能提高工作效率，或者如何通过人机交互，在逐步提升机器智能的同时，反过来也提升员工的逻辑思维能力。"另一位业内人士补充道。

对于国内银行网点从业人员来说，"狼来了"的喊声已经不陌生。但现在的情况究竟怎么样呢？

## （一）全国银行业金融机构营业网点在大幅减少

中国银行业协会发布的《2017年中国银行业服务报告》显示，一方面，截至2017年末，全国银行业金融机构营业网点总数达到22.87万个，其中新增营业网点800多个。与2016年3800多个新增营业网点相比，增量大幅减少。另一方面，2017年全国银行业金融机构营业网点关停1426个，国内关停网点数量首次超过净增网点量（见图1-4）。从2018年公布的数据来看，同样也展现出相同的趋势。

是否真如比尔·盖茨说的那样，"我们需要银行业，但是不需要银行"。一时，"银行物理网点消亡论"呼声高起。

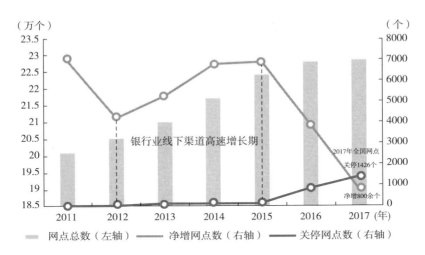

**图1-4　2011—2017年全国银行网点数量变化趋势**

资料来源：网点总数、新增网点数来自中国银行业协会每年度发布的《中国银行业服务报告》。关停网点数整理自中国银保监会关于网点终止营业的批复。数据源不同，可能存在统计口径的差异。

### （二）网点客户流量明显下降，离柜业务率明显提升

对银行业来说，过高的离柜率让网点见客率越来越低。中国银行业协会发布的《2018年中国银行业服务报告》数据显示，截至2018年末，全国银行业共有营业网点22.86万个，银行业离柜率（电子替代率）为88.67%（见图1-5）。这其中的主要原因是：（1）网点流量减少；（2）智能银行改造；（3）人员精减增效。

无论如何，网点流量减少，换言之，到店客户越来越少，许多客户都不来银行网点了，这是所有网点行长们焦虑的根源。

银行网点流量减少，如第一张多米诺骨牌倒下引发一系列问题。一方面，一份来自尼尔森的调查报告显示，在无提示状态下人均想起的银行品牌在逐年递减。另一方面，互联网金融对银行冲击凶猛，以银行"存贷汇"三大业务之支付业务为例，第三方支付机构交易笔数从2013

年的 153.38 亿笔增长至 2017 年的 2867.47 亿笔，以指数级别爆炸增长。可见，客户与银行的黏性在不断下降（见图 1-6）。

| | 2017年<br>-2.7万个 | 2016年<br>-2.6万个 |
|---|---|---|
| ⼯ | -8701 | -7635 |
| ⼽ | -96 | -6881 |
| ⼱ | -9391 | -4023 |
| ⼫ | -9861 | -6721 |
| ⼯ | -1316 | -577 |

88.67%

2018年行业离柜率

行业离柜业务率
15家银行超90%

· 网点流量减少
· 智能银行改造
· 人员精减增效

**图 1-5　银行业离柜业务率达到近九成**

资料来源：离柜业务率来自中国银行业协会发布的 2018 年度《中国银行业服务报告》。各行减员数来自年报中的员工数量整理。

**客户与银行的黏性不断降低**

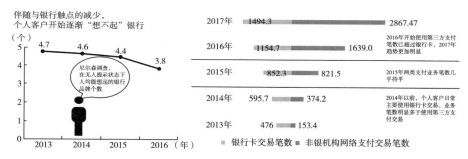

伴随与银行触点的减少，
个人客户开始逐渐"想不起"银行

尼尔森调查，
在无人提示状态下
人均能想起的银行
品牌个数

| | | |
|---|---|---|
| 2017年 | 1494.3 | 2867.47 |
| 2016年 | 1154.7 | 1639.0 |
| 2015年 | 852.3 | 821.5 |
| 2014年 | 595.7 | 374.2 |
| 2013年 | 476 | 153.4 |

2016年开始使用第三方支付笔数已超过银行卡，2017年趋势更加明显

2015年两类支付业务笔数几乎持平

2014年以前，个人客户日常主要使用银行卡交易，业务笔数明显多于使用第三方支付交易

■ 银行卡交易笔数　■ 非银机构网络支付交易笔数

**图 1-6　2013—2017 年银行卡支付笔数与第三方支付机构交易笔数对比**

资料来源：中国人民银行按年度发布的《支付体系运行总体情况》。

以某家大型商业银行为例，全行 4 亿名有效客户，在过去一年，有 22% 的客户未在任何渠道（包括线上和线下）发生过交易。这些客户被互联网金融企业分流了。真正担忧的事情还是发生了：客户从"离柜到离店"，最终到"离行"！看来，"狼"是真的来了！

### (三) 商业银行柜员人数明显下降

网点转型带来的人员精减也在情理之中。柜员的未来转型之路在哪里？从近三年的数据来看，银行的柜员配备情况正在逐年递减，尤其以大型商业银行为首。仅以 2016 年为例，中国银行业协会的数据显示，工商银行当年共减少柜员 14090 人，农业银行减少 10843 人，建设银行减少 30007 人，中国银行则未披露数据。从 2014 年的减员 1.7 万余人到 2016 年的骤减 5 万余人，银行改变翻天覆地。从各大行近五年的年报 (2014—2019 年) 披露的员工数据来看，柜员减少已经成为不可逆转的趋势。未来商业银行柜员该怎么办？[1]

然而，任何事情都有两面性。机遇的背后必然是挑战。金融科技的变化带来了银行业新的机会。正如招商银行前行长马蔚华在 2018 年博鳌亚洲论坛所言，科技与金融之间的关系，可类比于物理学相似相融理论，两个分子结构相同的物质可以相融。科技与金融正好是相融的。银行或者其他的金融机构就是一个高质量的数据公司。当然，科技是手段，更深层次的是，当前银行的客户发生新的变化。只有从客户入手，真正了解客户，才能真正转型。

---

[1] 鑫舟鑫管家. 几大银行减少柜员近 6 万：多家银行离柜率超 90%，柜员该怎么办？[EB/OL]. http://www.sohu.com/a/130168397_650614.

第二章

# 新客户时代
## 新生代银行客户群的新画像

　　我没有关系，也没有钱，我是一点点起来的，我相信关系特别不可靠，做生意不能凭关系，做生意不能凭小聪明，做生意最重要的是你明白客户需要什么，实实在在创造价值，坚持下去。

——阿里巴巴马云

今天银行网点到店客户断崖式下跌，绝大部分客户被互联网分流，剩余的忠诚客户多为中老年客户。子曰：人无远虑，必有近忧。换言之，大部分的近忧都来自想得不够长远。试想，当这部分客户随着时间退场时，银行网点将面临门可罗雀的悲凉。因此，我们亟待给新生代客户群画像，了解最近几年，客户的消费模式发生了什么变化？"他山之石，可以攻玉。"我们不妨可以从同是服务业的星巴克的"猫爪杯"说起。

## 一、猫爪咖啡挠了谁的痒①

2019 年，星巴克推出了一款现象级的"猫爪杯"，受到消费者热捧。有人支起帐篷通宵排队，有人争抢不已大打出手，有人先到先得哄抬价格。即便该品牌当即表示加订备货网上发售，首批 1000 个猫爪杯也在 0.07 秒后全部卖空。有网友打趣说，终于理解《流浪地球》里人工智能莫斯的台词深意，"让人类始终保持理智，是一种奢望"。

这款杯子的魅力何在？从外形看，透明粉色印花的杯身内部是猫爪肉球形状，倒入饮料后便会看到一只粉嘟嘟的猫爪。尽管容量不大、清洗不便，但还是有不少消费者兴致益然。比如，爱猫人群相中了猫元素，女孩们溢满了少女心，黄牛们看到了价差，工艺设计师想要破解走红密码，营销学人士更要研究"饥饿套路"……这也就不难理解，为什么会有这么多人愿意在一款杯子上花大功夫、大价钱。

从品牌的角度来看，猫爪杯成为网红爆款、热议话题，堪称一次成功的营销案例。无论是戳中"萌文化"的设计，还是物以稀为贵的供给，都激发了消费者的购买欲望，无形中增加了顾客黏性，提高了品牌价值。实际上，放眼整个文化产业，消费文化与品牌策略的成功结合，往往能够繁荣文创周边、诞生走俏产品。可以说，猫爪杯也好，迪士尼系列产

---

① 盛玉雷. 喝过的咖啡，买不到的猫爪杯［EB/OL］. https：//baijiahao. baidu. com/s？ id = 1626816779968946814&wfr = spider&for = pc.

品也好，故宫的行李牌、口红也好，火爆不是偶然，都有着传播策略的内在逻辑，在日积月累的明星品牌和衣食住行的日用百货中达到了一种双赢，也给品牌立起了"活动的广告牌"。

只不过，再精致的产品设计、再高明的营销技巧，倘若没有洞悉消费者心理、缺乏社会关注，那么也无法抢占市场。拿杯子来说，曾经结实耐用的搪瓷杯生活中越来越少，袖珍精巧的茶杯越来越常见；"奋斗好多年"才能享用的咖啡下午茶，也成了城市街景中最寻常的角落。这说明，水杯在进化，消费在升级，人们的生活也在改善。

如果说，章丘铁锅的走红反映的是消费者对日用品质量的渴望，日本马桶盖的风靡是人们对高品质生活的向往，那么猫爪杯的爆款则更多映射出不少人审美追求的提升。如今，越来越多的人愿意为商品的独特性和稀有性支付溢价，在功能性之外寻求审美趣味，以此满足更加个性化的需求。如此来看，猫爪杯走俏不过是各取所需的消费现象、一种正常演进的消费趋势，也提示着"消费升级"的一条路径。

从"买得到"到"买得好"有无数痛点需要解决，也蕴含着无限商机。对于商业银行来说，首先我们需弄清新生代客户是谁？他们的消费模式发生哪些变化？

## 二、客户消费模式发生了哪些变化

### （一）客户的需要在改变

客户体验是互联金融挑战传统金融的第一武器。传统金融在业务上存在太多优化空间。马云说："如果银行不改变，我们就改变银行。"在体验为王的互联网时代，消费者对银行和互联网公司的期望是一致的，体现在三个需要：一是便利性的效率需要；二是交互性的情感需要；三是高品质的体验需要。

## （二）客户与银行交互也在改变

客户与银行的互动流程相应发生改变。在数字化时代，除了线上渠道的使用比例大幅提升，客户的购买行为与决策点也发生了颠覆性的变化。在金融产品（如基金、保险）的销售上，传统银行一直把网点或前线人员的销售咨询视为最关键的环节，因为购买决策往往在咨询同时产生，因此客户和银行都在该节点投入最大的精力参与。但在数字化时代，产生购买决策的时间节点已经大幅往前移，现在客户通过不同渠道收集到信息而产生对业务和产品的兴趣，进而通过各类线上线下研究比较，形成购买决策后才接触潜在合作银行咨询并完成交易。因此，如果银行没有在前两个阶段积极主动参与，可能连销售的机会也没有了！

## （三）目标客户的类型也发生了变化

在互联网金融模式下，目标客户类型发生了改变，客户的消费习惯和消费模式不同，其价值诉求也发生了根本性转变，使商业银行传统的价值创造和价值实现方式被彻底颠覆。客户主要是追求多样化、差异化和个性化服务的中小企业客户及年轻消费者，方便、快捷、参与和体验是客户的基本诉求。而目前商业银行没有针对客户多样化的趋势进行业务调整，很难适应互联网金融的发展。商业银行应该从封闭转向开放，从以往的完全被动彻底转向主动，从以前客户从不参与银行的业务处理过程到让客户参与这个过程，并且把整个银行的业务、金融服务有机地跟用户的需求结合起来。只有真正实现业务架构调整，才能充分发挥互联网金融的作用。[1]

---

① 科尔尼. 银行全渠道的有效实现 [EB/OL]. Useit 知识库.

### 三、德鲁克的警示与新零售下网点转型的契机

现代管理学大师彼得·德鲁克说："动荡时代最大的危险不是动荡本身，而是延续过去的逻辑做事。"商业银行需察觉到客户的期望值在不断提高。银行网点的转型，只有主动贴近这些客户并作出改变，要用更有品位与品质、更加个性化的服务对接消费升级的消费者，方能历经严冬，看见春天。

阿里巴巴的马云在 2016 年 10 月云栖大会上第一次提出了"新零售"的概念："电子商务"将会成为传统的一个概念，未来会是线下、线上、物流结合的"新零售"模式。阿里商学院对新零售的定义是以消费者为中心的数据驱动的泛零售模式。

中国网购零售总额的增速已经连续三年下滑。线上流量红利已见底，而线下有着百分之七八十的交易量，在此背景下，线上、线下和物流结合在一起的"新零售"概念应运而生。一时互联网巨头纷纷跑马圈地，在创新型新鲜超市、便利店、无人零售等业态布局。这为银行网点功能价值如何重塑再造提供了信心与借鉴。

同时，在可预见的未来有以下五大趋势，网点仍是银行渠道的核心要素，具有举足轻重的作用。①

一是客户的差异化渠道偏好。不同类型客户渠道偏好各异。稳健保守型和追求综合体验的客户群愿意将网点作为其开展银行业务的主要渠道。

二是复杂业务的理想渠道。针对投资顾问咨询、中小企业贷款、公司银行等复杂业务，网点仍然是客户开展业务的理想渠道。

三是全渠道战略的核心要素。全球知名咨询公司麦肯锡研究发现，客户与银行的互动渠道越多元，对银行的价值就越大。比如，用 4 个以

---

① 麦肯锡. 智能网点 [R/OL]. https：//www. mckinsey. com/.

上类型渠道与银行互动的客户，其客均收入是仅使用单一渠道与银行互动客户的两倍多。而网点更是转化和维系高价值客户的核心渠道。

四是线上线下不断融合。OMO（Online－Merge－Offline）的影响正在从零售行业向银行业衍生。依托数字化技术赋能线下网点正在成为全球和中国领先银行着力打造的能力，也是银行应对纯线上互联网金融模式的有力武器。

五是金融和非金融生态不断融合。生态圈正在成为全球领先银行着力建设的重点，从而将金融服务融入生态场景中制造和分销。网点正在成为连接线上、线下，构建本地化生态的重要阵地。

为了捕捉以上五大趋势带来的机遇，未来银行网点必须加快自身的数字化转型。银行的网点要重新定位，要再出发。

### 四、续写商业银行网点客户新画像

在新的形势下，以客户为中心必须加强对银行网点客户的了解，这需要为客户重新画像。因此，网点转型应持续优化网点形态。硬件上要由金融交互向非金融交互拓展，软件上要实现千人千面和精准推送，实现客户经营数据和生产系统数据的整合。要将客户到店率、网点近 30 天的资金流动情况、网点交易数据、智慧柜员机迁移率、各渠道 6 个月交易趋势等生产数据同步掌握。从分类来说，新一代商业银行网点客户画像至少包括以下两大类：

一是个人客户画像。个人客户画像包括人口统计学特征、消费能力数据、兴趣数据、风险偏好等。

二是企业客户画像。企业客户画像包括企业的生产、流通、运营、财务、销售和客户数据、相关产业链上下游等数据。

值得注意的是，银行拥有的客户信息并不全面，基于银行自身拥有的数据有时候难以得出理想的结果甚至可能得出错误的结论。比如，如果某位信用卡客户月均刷卡 8 次，平均每次刷卡金额 800 元，平均每年打

4 次客服电话，从未有过投诉，按照传统的数据分析，该客户是一位满意度较高流失风险较低的客户。但如果看到该客户的微博，得到的真实情况是：工资卡和信用卡不在同一家银行，还款不方便，好几次打客服电话没接通，客户多次在微博上抱怨，该客户流失风险较高。所以，银行不仅要考虑银行自身业务所采集到的数据，更应考虑整合外部更多的数据，以扩展对客户的了解，具体包括以下四个方面①

第一，客户在社交媒体上的行为数据（如社交网络信息数据库）。通过打通银行内部数据和外部社会化的数据可以获得更为完整的客户拼图，从而进行更为精准的营销和管理。

第二，客户在电商网站的交易数据，如建设银行则将自己的电子商务平台和信贷业务结合起来，阿里金融为阿里巴巴用户提供无抵押贷款，用户只需要凭借过去的信用即可。

第三，企业客户的产业链上下游数据。如果银行掌握了企业所在的产业链上下游的数据，可以更好掌握企业的外部环境发展情况，从而可以预测企业未来的状况。

第四，其他有利于扩展银行对客户兴趣爱好的数据，如网络广告界目前正在兴起的 DMP 数据平台的互联网用户行为数据。

可见，未来的转型之路，商业银行必须从了解客户，对客户进行再画像开始。

---

① 数据星河．银行大数据应用场景：客户画像如何做？［EB/OL］．https：//www. shangye-xinzhi. com/article/details/id－103957/.

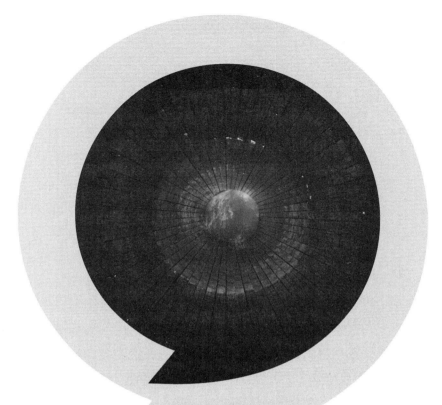

第三章

# 机遇时代

## 银行网点的再定位——"五角星形模型"

爱丽丝说：请你告诉我，我该走哪条路？
猫说：那要看你想去哪里？
爱丽丝说：去哪儿都无所谓。
猫说：那么走哪条路也就无所谓了。

——《爱丽丝漫游奇境记》

面临机遇与挑战，所有银行或类银行人员都在思考和探索商业银行网点的明天。笔者团队在国内知名商学院 MBA 导师和业内专家的指导帮助下开展了"商业银行网点转型升级赋能"的课题研究，拟站在行业的角度，对正处于变革的商业银行网点转型进行专项研究，构建形成网点转型模型理论体系，为下一步网点转型提供对策思考建议，共同助力提升民族银行业的发展。

## 一、"商业银行网点转型升级赋能"研究路径

正如伟大哲学家苏格拉底所说："未经审视的生活是不值得过的。"银行作为组织也需要审视自己的过去，总结经验，凝聚专家智慧，才能为银行转型找准方向，为此我们采用专家访谈、数据驱动、客户之声调查等形式，找到网点转型成功的范式（见图 3 – 1）。

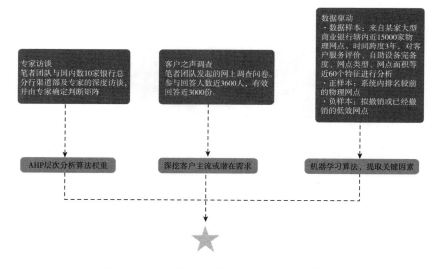

**图 3 – 1 网点转型方法论——五角星形模型**

（一）专家访谈

毋庸置疑，经验是不可磨灭的宝贵财富。因此，向银行专家问计是出发点之一。笔者团队与国内数 10 家银行总分行渠道部负责人、财务管理及集采专业人士，以及总行、省行、分行、支行行长进行了系列访谈，听取他们在一线的思考；同时，开展了银行未来转型主题词专家打分法，请相关专家就银行未来转型的五大方向进行打分（尊重专家意见，本书不公开专家的信息）。后续采用 AHP 层次分析法进行分析，评选出各个关键因素的权重。

（二）需求维调查——客户之声问卷调查

为切实了解客户的真正需求，笔者团队向近 3600 名客户发起了在线问卷调查，回收有效问卷 3000 份，进一步挖掘今天和明天的客户的真实需求。

（三）供给维调查——转型中的网点调查

网点转型是一个持续探索的过程，国内一些银行网点的探索为笔者团队开拓明天进行了有益的尝试。为此，笔者团队采集了某家大型商业银行辖内近 15000 家物理网点的数据。时间跨度三年的样本，对客户服务评价、自助设备完备度、网点类型、网点面积等近 60 个特征进行分析。正样本为系统内排名 Top N 的物理网点，负样本为拟撤销或已经撤销的低效网点。采用机器学习算法进行挖掘，提取出网点转型成功的决定变量。

## 二、专家访谈记录

专家的视角总是独特而有方向性的，通过数十位专家访谈，我们感觉业界对于网点的转型的出路有了基本判断。以下是特别回访两个高端专访。

（一）【专家视角：银行业整体转型篇】抓住客户痛点发力，商业银行大有可为

商业银行网点的转型离不开商业银行整体行业的升级换代，因此，让我们先看看行业专家对于未来银行业整体转型的看法。

针对商业银行转型，尤其是网点转型升级赋能，资深金融研究实践者王礼博士提出了他的观点。[①]

所谓方向错了就什么都错了，银行转型去哪里？这是一个攸关银行终极使命的问题，也是银行业转型的首要问题。摩根大通银行董事长兼CEO 杰米·戴蒙在致股东信中写道："银行乃至所有企业管理者经常被问到这样一个问题，'对于企业，客户、员工、股东价值和企业责任哪一个最重要？'"在戴蒙这位全球市值最高银行的掌门人看来，客户、员工、股东和社会公众都是银行重要的利益相关者，是衡量银行使命价值的四个维度，这为我们分析银行的转型方向提供了标尺和框架。

当下，中国银行业被认为正在走向"下半场"，其大意指的是中国银行业的未来经营理念和发展逻辑将发生切换。当我们以问题为导向，检点"上半场"银行业在客户、员工、股东和社会责任四个方面的缺陷和不足，银行业转型的方向已然清晰可见。

**1. 创造客户价值和优质体验**

和其他企业一样，银行经营的出发点也是客户。富国银行提出，银行只有三项工作：服务好老客户，吸引新客户，管理好客户之间的风险。摩根大通银行认为，如何看待客户？没有他们就没有银行，如果没有客户，银行将不复存在。如果没有客户，利润、银行员工和首席执行官都

---

① 王礼. 银行转型去哪里？[EB/OL]. https://xueqiu.com/4794817862/129853217.

不复存在。

怎样做好客户服务？过去强调为客户创造价值，现在更突出提升客户体验。实际上，两者都不可偏废，一方面，为客户创造价值是银行最基础的服务功能，离开价值创造的体验提升都是无源之水、无本之木。6年前，对银行业资金空转、"脱实向虚"曾有过广泛的探讨和深刻的反思，这其实也是美国2008年次贷危机的恶源之一。而在时代变局之下，传统银行的资金中介、信息中介职能已受到深刻冲击，信用中介作用也面临威胁。

银行业亟待脱胎换骨，找回客户价值之源，2019年，建设银行提出增长第二曲线，关于新时代银行的功能与角色定位，建设银行提出："一切社会'痛点'皆是机会，抓住了'痛点'，拿出了金融解决方案，社会和公众自然会给予银行积极反馈""哪里有社会痛点，哪里就有建设银行"的论点，其实是对银行为客户创造价值的创新视角和深度诠释。

另一方面，提升客户体验是银行最迫切的服务升级。在新的时代新的市场，体验不好一切都将"凉凉"。这其中，既有消费者意识觉醒的时代嬗变，也有银行业过去一段时期在服务体验方面被新零售机构"吊打"的切肤之痛，痛定思痛，奋起直追，由此，诸多银行纷纷提出要打造"最佳服务体验银行"，并视服务体验为"新商业时代的核心逻辑"。

然而，当前银行业对服务体验的追求也有"金融科技决胜论"过度化之嫌，我们始终认为，金融服务的核心要义仍为提供有广度、有温度的服务，背离金融服务本质的金融科技创新都是缘木求鱼、南辕北辙。新零售升级以技术创新为抓手和动力，但最核心的还是对客户"痛点"的精准把握。

要准确把握客户"痛点"，一是必须设身处地。富国银行宣称，产品的创新设计，既不是源于技术手段去挖掘需求，也不是源于外部顾问的建议，它源于客户和服务客户的员工，尤其是直接服务客户的一线员工都能"自由地发挥想象力，并且被不断认可、接受"。

二是必须优化流程。当前一些银行业的服务流程纷繁复杂，不断地磨损和挑战着客户体验及为客户服务的员工体验，而要改变这一点，既需要技术上的改进、方法上的梳理及制度上的保障，更需要文化上的重塑。

三是要在服务中加入温度。客户会为温度买单，会为感觉买单，这才是人性服务的真谛。人工智能不会改变服务的本质属性，相反，在人工智能越来越普及和升级的全新时代，人性服务的价值将更加彰显，也更有条件提供。而一切违背人性的服务创新、服务转型都是注定不能取得效果的。这些违背人性的服务创新包括：客户永远是对的；把人当成服务的机器等。把机器变成人是创新趋势，把人变成机器则是逆历史潮流而动，逆创新规律而动。

未来，一切可以标准化的、可重复的操作和劳动都会被机器、被人工智能所替代，而人对于银行的全部价值和意义，只能是那些机器、人工智能不能替代的工作内容，其中就包括有温度、有情感融入的服务。

### 2. 提升员工的满意度和幸福系数

银行转型升级的成功关键因素：员工最重要。根据盖洛普公司的调查研究发现，员工敬业度与公司绩效之间存在高度的正相关关系。

盖洛普公司的敬业度测评为提升员工的满意度和幸福系数提供了一个科学的改进工具。然而，本质上，一味引进这种西方式的管理工具好比是"郑人买履"，在著名管理学家曾仕强提出的"中国式管理"语境中，有更多、更直观的方法来测评银行员工的满意度和幸福系数。整体而言，银行业的员工职业满意度和幸福系数都在一路走低，海底捞的员工连擦桌子、端盘子都是欢快地奔跑，而银行员工收入较高却牢骚更多、怨气更盛，微信圈里到处都是奚落调侃银行人或银行人自嘲发泄的段子。近年来，银行的队伍流动性显著增加，员工跳槽比例更高，对经营业绩和发展可持续性都有不利的影响。

在转型期，决定员工满意度和幸福系数的除了薪酬待遇、基础的员工关怀机制外，更需要提升银行业的职业愿景，重塑银行业的文化和核心价值观，以及营造好氛围、好风气。

从大的方面说，是要银行业的职业前景、文化和核心价值观。尤瓦尔·赫拉利在他的超级畅销书《人类简史》中写道："民族、种族、国家、法律、公司、金钱，以及资本主义和市场经济等，都是故事。人们认为相信这些虚构的故事，而团结在一起，并完成了现在几十亿人的全球分工协作"，感觉上，这些年来，银行业的话语权不断被互联网金融机构所侵蚀、所剥夺，银行人职业满意度和自豪感的变坏，其实就是从银行业的故事越来越缺乏想象力和感染力开始的。

重塑银行业的职业愿景，首先是讲好一个行业故事。银行是一个古老的行业，当前它的发展遇到了一些瓶颈和桎梏，但作为一个满足人们基本需求的服务行业，"未来的世界终将需要银行"，而中国的银行业在规模体量上表现出越来越明显的主导气质，在逐步进入战略无人区的时刻，"前方已经没有路，但你的故事才刚刚开始"。

从小的方面看，各级银行管理者始终致力于营造一个良好的内部发展氛围和风气。即不管外部环境如何，着力打造一个风清气正的小环境，这是有使命感的银行家职责所在，也是提高员工满意度和幸福系数的重要保障。

(二)【高端专访：网点转型篇】银行业界的前沿思考与探索

采访背景：在网络化及客户消费习惯发生重大变化的背景下，商业银行的网点究竟会走向何处？在互联网科技企业线上红利逐渐触底，开始抢占线下渠道资源的大背景下，传统银行应该如何利用其原有的网点渠道和金融综合服务能力打造自己的竞争优势？下一步网点转型的方向在哪里？

1. 有部分专家学者认为银行网点将逐渐走向消亡，应该怎样看待这个观点？银行网点应该如何转型升级？

**专家一：** 随着社会的进步，网点依然有其存在的必要性。即使线上银行可以提供很多产品信息，但很多客户尤其是大客户依然乐于通过网点客户经理为其提供及时的咨询服务，尤其面对复杂业务问题时，客户更愿意在线下网点进行面对面的交流沟通。

就像您当面和我采访交流，同您与我开电话会议感觉肯定是不同的，即使未来 5G 网络的高清视频应用了，也不会有面对面的交流带给客户的体验更好。而且目前根据监管要求，有些业务如验证、面签等，还是需要到网点办理。

从另一个角度，其实很多需求客户自己也是不清楚的，作为银行营销人员可以在网点通过与客户的深度交流，挖掘客户更多潜在的需求，制定符合未来市场需求的产品或服务。

随着行业的发展，网点的内涵也在发生改变，网点的服务从原来的存储等传统业务向更高阶需求转变。客户需求的变化，也不见得客户一定要有金融需求才来银行，某机构做过的一项调查研究显示，某些有钱、有时间的高价值客户对网点依存度增高，他们愿意花时间找客户经理谈心聊天。通过深度交流，发现客户更多金融需求。这些客户的需求不见得由金融需求引起，但却是由情感引发过来的。这样的服务价值目前还是线上等其他渠道替代不了的。

科技的进步和金融业竞争的加剧，未来网点如何建设，大家都在探索中。这也倒逼银行管理人员开始盘点自身资源，结合客户需求，不断思考挖掘新的经营模式，寻找差异化竞争解决方案。

2. 当前，5G、AI 智能、生物识别、大数据、云计算快速发展，银行网点应如何抓住"金融＋科技"的历史机遇，让科技为银行赋能？又应如何打造智慧银行？

**专家一：** 各大银行纷纷打造科技银行。比如，中国银行打造的"5G

智能＋生活馆"科技银行。建设银行以"普惠金融、住房金融、金融科技"三大战略为核心打造的无人银行。同时，科技银行网点本身也是银行未来战略的体现；还有更深层次的意义在于，银行通过这样的项目，让科技人员参加到底层系统架构的搭建，加上与外部公司的合作，对于银行自身团队也是一个很好的学习过程。一个项目调动几百人的内外部团队，包括采购、计财、渠道、科技、业务等各部门及厂商之间进行协作，在特定的时间内快速地把任务达成。多个部门为了同一个目标，打通了很多以前难以打通的系统后台，通过科技网点建设，串联了内部的工作模式，大大提升了组织间的效率。

几年前就有很多机器人在厅堂的运用，机器人起到的是辅助作用，为了更好地协助大堂经理的服务。很多科技的运用不是为了炫技，而是如何为金融带来实实在在的价值。5G 等科技的发展，给内容的生产带来机遇，第三方公司可以根据银行业务场景策划设计更多优质的素材内容，给用户更好的体验。

**专家二：**不管科技如何发展，其目的都是为了更好地满足客户的需求，所以客户的需求到底是怎样的，需要什么样的科技服务尤为重要。了解清楚客户需求，根据需求再看运用哪些不同的科技手段为金融服务。

3. 从目前来看，千店一面的传统银行网点建设方式已经很难满足现代用户的个性化体验需求，网点建设的特色化之路势在必行。在网点特色化建设方面应该遵循怎样的设计理念？有什么成功的成熟范例？

**专家一：**不同的客户群，需求不同，未来的每一个网点都有可能长得不一样。比如，针对商圈网点，就要考虑商圈的业态特点，配合进行特色打造。对此你们曾经设计改造过的特色网点您认为有哪些特色？

**正堂：**我们在做网点特色化设计中往往会综合考虑几个方面：一是空间特色，即网点的物理空间进行合理的动线布局及有格调的特色设计；二是文化特色，即根据地域、历史、人文融入属地精神文化元素，如"客家主题银行""侨乡文化银行"等；三是业务特色，即根据周边客户群属性、自身网点的业务特点，包装特色主题业务网点，如"校园主题银行""空港主题银行"。这是我们对特色银行部分实施经验总结，对此您怎么看呢？

**专家一**：所谓网点 1.0、网点 2.0 建设会比较多地在意网点的外在表现形式，而未来的特色网点建设，更应该侧重在业务的垂直内在和经营模式上的变化，通过不一样的业务模式、经营模式甚至考核机制等，而使网点形成差异化竞争优势。工商银行苏州博物馆银行的设计采用了苏州博物馆的设计理念，顶部借鉴苏州博物馆长廊坡顶景观，与苏州博物馆同款水墨格栅，同时融合了很多苏州人文、园林等文化元素，使其具有外在特色属性。

**专家二**：我认为不能一味地特色化，特色化不能没有品牌识别性，特色化与标准化要做结合，比如 20% 特色 + 80% 标准，这样网点建设更经济实际、容易落地。

4. 银行网点建设和运营成本高企，但网点的代际变革又非常快。适应这种快速变化的需求，模块化建设、轻型化运营是不少银行的应对之策。在这方面，有什么建议或者好的案例？

**专家一**：网点建设成本投入的多少，要考虑多种因素。首先，要考虑的是自有物业还是租赁物业，两者建设投入决策思路不同，自有物业不受租期、租赁价格浮动等影响，往往可以多投入。其次，随着各种智能化设备在网点建设中的广泛使用，网点建设往往可以结合更环保、更节能的材料和设计，降低使用和维护成本。

目前银行也在考虑如何减少硬装修成本，加强软装的布置，通过科学合理的设计，让网点的使用场景可以变得更机动灵活，这也是很重要的。例如，招商银行网点 3.0 的建设思路，就导入了很多模块化的软装和家具设计。平安银行广州流花支行的网点建设，只保留了一个现金高柜，现场的家具可以根据场景需要进行多种模式组合，既可以满足日常各类业务办理的需要，也可以重新组合，做成沙龙推介会。

**专家二**：模块化未必一定节省成本，关键看是否可以批量生产？随着网点越来越注重个性差异、科技网点建设越来越成为趋势，哪些网点真正需要模块化，这个问题很重要。

以前银行做运营轻型化，往往是被动式的，往往是因为租赁物业成本及人力资源缺失造成只能开设轻型网点。比如，之前民生银行社区银行做得不成功，其主要原因是服务是外包的，人员配置不够，人员素质偏低，所提供的金融服务能力不足，从而导致服务质量出现问题。不是轻型化不好而是它太轻了，所以网点建设的轻与重要结合，旗舰网点和轻型网点也是要结合的。轻型化是大的体系当中一部分，哪些可以轻，哪些必须重，平衡好很重要。

5. 无论未来怎么变，在网点建设中坚持以客户为导向，注重以人为本，注意客户体验是应万变的根本。当前，应如何在网点建设中增强用户的体验，真正打造有温度的银行？

**专家一**：用户到底需要什么？这个问题是我们一直想要了解的。我们非常希望有专业的研究机构告诉我们答案。您在写这本书的时候有做过专项调查吗？您能举例说明一下哪些算是有温度的服务吗？

**正堂**：我们有做过专项调查，并且会作为本书内容观点的部分依据。我从一个用户的角度，举例说明一下我在不同银行网点的不同感受：我开车去某家大型商业银行分行营业部办理业务，该行把最好的停车位只留给银行高层领导，其次是中层和员工，只有极少量留给特殊客户，而普通客户需要在周边其他停车场碰运气才能找到高价付费的停车位。而另一家民营银行分行网点，把地面停车位全部留给客户，客户不分等级，凡是来行里办理业务的，有车位就有专人指挥停车、撑伞、开门。大厅的服务人员见到客户都会主动热情询问需求。再举个例子，我们往往在很多网点看到的"爱心座椅"都是冰冷的铁排椅上面用不干胶贴着"爱心座椅"几个字，而某些网点我们可以看到，芬芳的香水味道和舒适的沙发，并且用暖心的颜色区分"爱心座椅"。

**专家二**：网点在建设设计当中当然要结合人性化考虑，但有温度的银行，关键在于人，人让服务有了温度。

比如，某个网点主要客户群就是 70 岁、80 岁的退休老人，他们习惯了传统服务，这样的网点往往不需要太多科技元素，而是应该在该网点人力资源配置上，调配相应成熟年长一些的客户服务人员为老年客户提供有耐心的服务。

网点服务人员对待客户的态度、服务的规范及服务是否能满足客户的需求很重要。一个客户到银行，首先要做到最基础的服务规范，各个节点的服务人员要达到基本服务标准，能为客户解决实际问题。其次，服务人员的精气神，这个在服务中会体现比较大的差异。网点员工是网点人性化最关键的要素，他们的情绪会传递给客户，他们的正能量，往往特别能感染人，客户都愿意和充满正能量的人沟通合作。

在网点物理空间的设计上，要特别注重设计的人性化和细节处理，比如，大厅电视高高挂起，需要客户仰着头观看资讯；转椅让客户缺乏安全感；填单台高度是否符合填写的舒服度；等等。如果在每一个细节上都能从客户体验出发设计，就会显得特别有温度。

除了物理网点的以人为本，我还想强调针对不来网点的客户如何在线上或其他渠道体验银行的温度。比如，客户生日当天手机银行开机界面变成生日卡；针对军人客户提供迷彩 UI 界面；人性化服务应该是线下、线上等全渠道的服务体验。

**专家一**：我认为这个话题是发散式的，是不断升级和不断挖掘的，应该是无处不在、无时无刻的。

海底捞的服务机制，对我们很有启发，适当放权给基层员工，开发他们主动的服务意识，不断给客户制造各种惊喜。银行网点如何放权给一线服务人员，发挥他们的主动性、创造性，可能对提升服务体验很有价值。但这涉及银行底层机制问题，作为金融行业有一定的风险性，如何在可控范围内放权，以及权限的尺度是需要进一步探讨的。

**专家二**：比如，招商银行信用卡业务团队，员工拥有减免年费、手续费等服务权限。这种有限度的放权，能激发员工的服务创造力，给客户带来惊喜，是值得我们借鉴的。

6. 银行网点应如何利用金融综合平台优势，整合周边资源打造金融生态圈，形成共建共享共赢的综合竞争优势？

**专家一**：我觉得目前还没有形成特别成熟的代表。平安银行在这方面做得相对比较好，它有自己一套比较完善的体系，比如，针对医疗金融生态的"好医生"；针对车险、理赔等一系列的车主服务，它可以将所有这些服务平台通过平安"一账通"系统来打通，还可以结合平安银行的店面来输出。所以它做起来会比较顺，它是有自己底层架构的，它整合这些周边业态是通的，这时它引入各种资源是容易的。而对于大多数商业银行基于传统主营业务来做就比较难。比如，建设银行在广东做的一款"业主通"服务平台，整合社区物业服务，将开门、停车、缴交物业费、业主活动等整合成一个平台，这种一般是基于 App 平台打造的，但目前 App 使用频次很低，投入和运营比例都比较重。再例如，建设银行云南"办事通"政务服务平台，这是基于全省的政务平台打造。建设银行的做法与平安银行不同，建设银行是基于垂直领域的打造独立的 App，而平安银行是基于自身的"一账通"。

各行之前针对生态圈建设做过很多尝试，但这些往往不是一个网点所能够打造的。在一级、二级分行搭建生态圈的可能性比较大，而作为单一网点配合垂直平台做线下场景应用或嵌入其他合作平台。作为网点结合活动等方式整合周边商圈业态，可能比较适合。

**专家二**：银行在生态平台建设方面是缺乏综合竞争优势的，我们只有把自身嵌入更有优势的平台中来，我们才能把生态共享起来，银行不属于高频流量平台。

例如，小米模式把高频和低频结合。我们可以把某些业务做成原子化的产品服务嵌入其他平台中。为什么大家都提"开放银行"？"开放银行"模式目前被行业越来越多地应用。例如，银行可以和旅游平台合作，我们把资信这项业务做成原子化的接口，嵌入到旅游平台中，审核业务嵌入旅游服务环节，客户在旅游公司支付团费后，不用去其他平台即可直接一条龙办理资信证明、出国签证等一站式服务。例如，接入购物平台支付环节，植入一键分期金融场景。当然，银行还可以为有业务关联的合作商户提供线上及网点等渠道的宣传推广。

7. 关于网点转型，还有什么别的建议或思考？

**专家一**：希望真正从客户的角度，告诉我们到底什么样的网点才是满足他们需求的网点。


## 三、客户的需求在哪里

为了了解银行网点的客户需求，我们专门做了问卷调查。通过研究在线问卷调查，我们真正挖掘了明天的客户需求。大数据表明，银行的明天客户在于新中产和新生代，他们长什么模样？具体如图 3 - 2 所示。

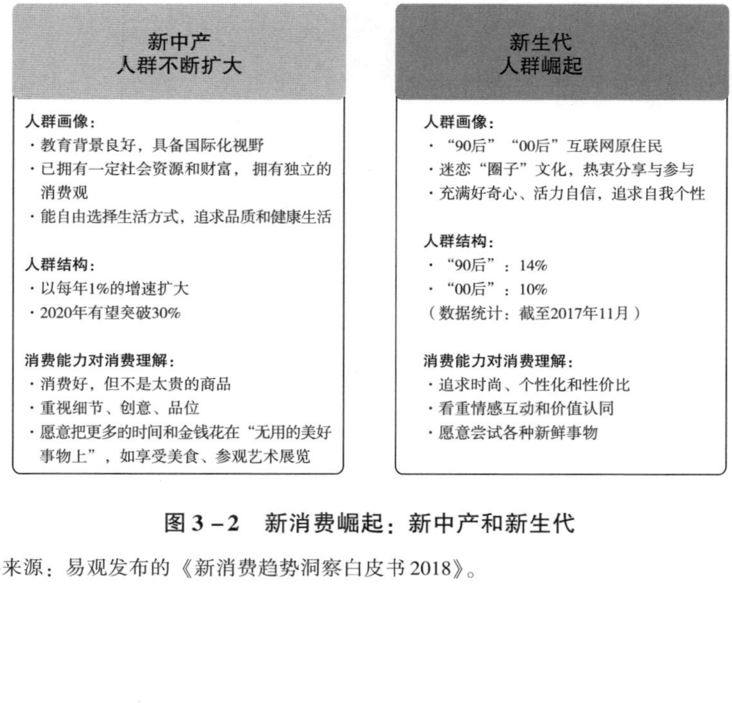

| 新中产<br>人群不断扩大 | 新生代<br>人群崛起 |
|---|---|
| **人群画像：**<br>·教育背景良好，具备国际化视野<br>·已拥有一定社会资源和财富，拥有独立的消费观<br>·能自由选择生活方式，追求品质和健康生活 | **人群画像：**<br>·"90后""00后"互联网原住民<br>·迷恋"圈子"文化，热衷分享与参与<br>·充满好奇心、活力自信，追求自我个性 |
| **人群结构：**<br>·以每年1%的增速扩大<br>·2020年有望突破30% | **人群结构：**<br>·"90后"：14%<br>·"00后"：10%<br>（数据统计：截至2017年11月） |
| **消费能力对消费理解：**<br>·消费好，但不是太贵的商品<br>·重视细节、创意、品位<br>·愿意把更多的时间和金钱花在"无用的美好事物上"，如享受美食、参观艺术展览 | **消费能力对消费理解：**<br>·追求时尚、个性化和性价比<br>·看重情感互动和价值认同<br>·愿意尝试各种新鲜事物 |

**图 3 - 2　新消费崛起：新中产和新生代**

资料来源：易观发布的《新消费趋势洞察白皮书 2018》。

中国正迎来一个消费升级的全新时代。数字化和创新商业模式在创造新的购买力，改变消费者行为习惯，催生出一个别具一格的新消费市场。其中新中产和新生代人群值得重点关注。

（一）新中产

近年来，新中产一词不断涌现成为热词。对于新中产定义不一，人们普遍接受新中产的解释是接受过良好教育的非体力劳动者且收入在中等以上水平的人群，即在月底或年末，除去衣食住行等基本生活成本开支后，还可以剩余多少钱去进行更高阶的消费或投资理财，如吃得更好、穿得更好、可以更多样化地休闲娱乐或自我学习投入等。

**1. 新中产标签**

新中产相比普通中产阶层，大家对新中产的要求更高、更明确，除了不错的家庭收入和财务条件外，同时还应该具备良好的教育背景、稳定的生活环境（有房、有收入可观的工作）等条件。综合来看，对于新中产的规模，在 2020 年将接近中产阶层的 30%，即在 2000 万 ~ 3000万人。

**2. 新中产消费特点**

对消费的理解上，新中产愿意为美好和发展的需求花钱。将更多时间和金钱投入自我修养提升，消费支出中与体验有关的商品、服务越来越多。如有责任感，崇尚情怀；注重有质量的"情怀"产品；从"价格敏感"到"品质敏感"；更注重服务和体验；注重产品的格调和个性；注重产品的口碑；逐步重视环保意识。

反映在对银行的需求满足上，新中产比较注重银行品牌及服务体验。他们希望在银行网点能够享受到 VIP 私密服务。

### （二）新生代

**1. 新生代标签**

新生代消费群体特指 2010 年进入消费品市场的"90 后"年轻人消费者。这个群体因为生活方式与上一代人的差异，因而对产品的消费呈现出截然不同的特征。

**2. 新生代消费特点**

"90 后""00 后"作为数字原住民，每天使用手机时间最长，对手机的依赖程度远高于其他群体。他们是绝对的网购主力，是颜值一族，愿意为更好的外形、款式或者产品创意买单；他们会玩、会生活，关注美食和影音，勇于尝试新事物，热衷分享契合价值观的事物。这个群体因为生活方式与上一代人的断崖，对产品的消费呈现出如下截然不同的特征：

（1）零选择。新生代人群不愿意学习复杂的产品背景知识，他们只希望直接给我一个适合我的。

（2）零打理。"90 后"要拥抱未来。他们愿意学习 AI、VA 这类超酷的东西，对传统的产品根本不感冒。以出行为例，自己买一辆自行车，要寄存、充气、维修等，好麻烦，你随时随地给我一辆即可，所以才有"共享单车"。

（3）易分享。对新生代来说，易分享是十分关键的。无法分享的知识不值得学习。新生代只追求"享有"。只要别人不知道，就好像没享受过。

在银行服务需求上，新生代希望在需要的时候随时随地能够享受到银行服务，而且要简单快捷，最好"零打理"。

### （三）新中产与新生代带来新消费崛起

伴随着新中产和新生代的成长，新消费开始崛起。这种演进的必然结果是，供给端需要解决从"买得到"到"买得好"的转型。传统消费提供的是"从无到有"的解决方案，此时消费者对价格相对敏感，对品质有较大容忍度，秉持着"只要有就行"的朴素作风，此时喝的茶是"柴米油盐酱醋茶"的"茶"（见图3-3）。

| 传统消费：解决"从无到有" | | | | 新消费：解决"从有到好" | |
| --- | --- | --- | --- | --- | --- |
| **买得到** | **买得起** | **品类丰富度** | **购买便利性** | **消费品质** | **消费格调/品位** |
| ·抹平地域限制<br>·触达难度 | ·规模零售<br>·低价 | ·大卖场模式<br>·购物中心 | ·电商、新零售、全球化进程<br>·物流即时配送<br>·支付（微信/支付宝、银行卡/信用卡、花呗/白条、代付） | ·精良（质量、工艺、定制化）<br>·安全（可靠渠道正品、健康环保）<br>·效率（精选、时间性价比）<br>·乐趣（场景体验、交互性、趣味性）<br>·性价比（优质低价） | ·原创、设计师品牌<br>·生活方式电商<br>·智能科技<br>·店铺陈列<br>·人性化设计和美学细节 |

**图3-3　新消费崛起：从解决"买得到"到"买得好"**

资料来源：易观发布的《新消费趋势洞察白皮书2018》。

进入新消费，消费者更愿意为品质、乐趣、愉悦自我买单，产品工艺精良、安全、服务高效、优质低价是基本门槛，能彰显客户内在品质、有一定趣味、美学才是"万绿丛中一点红"的杀手锏。同样是茶，此时消费者更愿意为"琴棋书画诗酒茶"的"茶"买单（见图3-4）。

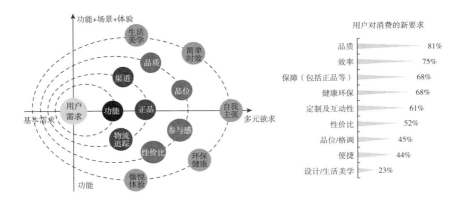

**图3-4　新消费崛起：追求品质、注重效率、确保正品的购物体验**

资料来源：易观发布的《新消费趋势洞察白皮书2018》。

新消费总结起来的五大表现（见图3-5）：

一是简单时效。关注时间性价比，重视便捷、高效。这是一个加速的时代，即便是网购，人们也希望下单后当天或次日送达。

二是自我价值。活在别人的眼中，别人能看到的只是结果。消费只为悦己，对自己所爱不惜投入，活出真我。

三是生活美学。没钱的人知道自己没钱，没有品位的人通常不知道自己没有品位。新消费时代，人们极力撇清"土豪"的标签，在生活美学上勇猛精进。

四是健康环保。养成健康生活习惯，倡导绿色环保的生活方式。我们感受最深的是跑步成为中产阶层的新宗教、新信仰。跑步是一种生活方式及身份认同，向其他人展示拥有空间时间和生活品位，以及懂得为健康着想。

五是理性消费。崇尚自律而不盲从，追求价值契合的品牌。消费者懂得使用搜索引擎、微信群及阅读各大产品评测报告，信息更加透明、全面，消费者拥有自己的独立思考，明星、网红对他们的影响有限。

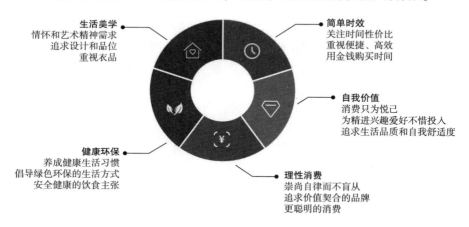

**图3-5 新消费崛起的五大表现**

资料来源：易观发布的《新消费趋势洞察白皮书2018》。

客户是银行服务的中心。伴随着新消费的崛起，一种化繁为简、注重品质的银行服务革命必然浮出水面。因时因势而变成商业银行网点转型的不二法宝。当然，在重点开拓明天客户的同时，我们不能忘记"沉默的大多数"客户：长尾客户及银发客户群。

## (四) 长尾客户

长尾（the long tail）这一概念最早是由美国 *WIRED* 杂志主编克里斯·安德森（Chris Anderson）在 2004 年 10 月 "The Long Tail" 一文中提出的，克里斯·安德森研究了亚马逊、NETFLIX 等互联网零售商的销售数据，并且将它们比对沃尔玛等传统零售商的销售数据，发现在互联网商务市场中，90% 的产品根本在传统市场上买不到，却能为公司贡献 25% 的销售额和 25% 的利润。2004 年，克里斯·安德森总结此现象并提出了"长尾理论"。基于大样本统计分析，"长尾理论"认为，经营冷门产品与经营热门产品，在利润上可以是一样的。"长尾理论"提出后引起了广泛的关注[1]。

"长尾理论"认为，由于成本和效率的因素，过去企业只能关注重要的客户或重要的事，即传统的"二八"定律——一个企业 80% 的销售额来自 20% 的商品；80% 的销售收入由 20% 的重要客户创造。如果用正态分布曲线来描绘这些人或事，企业只能关注曲线的"头部"，而将处于曲线"尾部"、需要更多的精力和成本才能关注到的大多数人或事忽略。例如，银行在销售金融产品时，注意力主要集中在一小部分所谓的"VIP"客户上，无暇顾及在人数上居于大多数的普通客户。[2]

### 1. 商业银行长尾客户群标签

目前，对于许多商业银行网点来说，长尾客户群众主要客群为：往往为代收代付客户，市民卡客户及社保类客户等；往往 50 岁以上的中老

① 资料来源：百度百科。
② 农业银行台州分行．关于商业银行拓展长尾客户的思考与建议［EB/OL］．http：//www. zjabank. com/Index/info？article_id＝47023.

年客户占比较高。

**2. 商业银行长尾客户消费特点**

（1）多为睡眠卡账户较多且多为零余额客户。

（2）多为不动户多，活跃账户少，且金融性交易不频繁。

（3）部分虽出现频繁交易，多半是代收水电费等高频低额度。

（4）客户群产品覆盖率低，特别电子银行渠道开通率低，网上银行、手机银行等使用率不高。

**3. 鉴于商业银行"尾部"客户产生的总体效益甚至会超过"头部"客户，商业银行要突破网点限制，借助科技力量提升对这部分客户的服务力度**

一是建立数据库分析平台和长尾客户分析考核系统。要用大数据挖掘内部客户资源，从银行内部信息系统、与客户的双向互动交流和 POS 等合作商户收集客户的日常消费习惯、饮食偏好等信息，构建大数据分析系统，逐步实现长尾客户分层营销体系，借助行为定向、地域定向、内容定向等方法识别客户，提升对长尾客户的服务效率和个性化服务深度。

二是依托电子信息技术研发新产品，降低业务交易成本，通过大力推广网上银行、手机银行、微信公众号、信用卡线上快捷支付、K 码支付、云闪付、电子钱包等业务产品，挖掘互联网上的长尾客户。

（五）银发客户

根据国家统计局公布的相关数据，截至 2019 年 8 月底，我国 65 岁及以上人口比重达到 11.9%，已进入老龄化社会（当一个国家或地区 60 岁以上老年人口占人口总数的 10%，或 65 岁以上老年人口占人口总数的 7%，即意味着这个国家或地区的人口处于老龄化社会）。而根据中国社科院发布的《中国养老产业发展白皮书》，预计到 2030 年我国养老产业市场可达 13 万亿元。

**1. 银发客户标签**

（1）商业银行老年群体中的众多人经济状况较好，属于"有钱有闲"一族。

（2）他们往往掌握一定的财富，具有一定的财富支配力。

**2. 银发客户消费特点**

（1）因为"有钱"，他们希望钱能够稳健保值升值。

（2）因为"有闲"，他们是经常来网点的一群人。

（3）他们的金融服务需求品种相当简单，存取汇构成了主流。

（4）他们的金融服务需求围绕"养老"而展开。

数据显示，由于50岁以上的人群占有更大的财富量，有更为复杂的金融需求，并且已经拥有足够的金融服务选择经验，通常他们对银行金融服务的使用频率是高于其他年龄段的。如果银行能给中老年客群像现在给年轻客户一样的体验，银行的营销业务额很快会有35%的提升。

目前，不少银行也在探索专门针对老年客户的金融服务。例如，建设银行不断探索"金融＋养老服务"新模式。建设银行养老金融的特色是以金融为核心，通过打通养老基金管理、存房养老、长租公寓、养老服务等节点，布局了一条完整的养老产业链；并且还在不断创新，探索"金融＋养老服务"新模式，具体如下。[①]

第一，推出老年人专属金融产品。比如，建设银行厦门分行推出的"安心悠享"老年客户综合服务方案。该方案又被称作"1＋5＋N"，即"一张龙卡，五大增值服务，N款精选产品"。"1"指的是集养老补贴资金发放、社区养老与老年人专享金融理财服务等功能为一体的"市民养老服务龙卡"，这是载体。"5"指的是建设银行根据老年客户的需求特点，选出优质合作伙伴，共同为老年客户提供医疗保健、家政服务、法

---

① 中国电子银行网综合. 这四家银行告诉你：争夺老年客户，可以这样放大招［EB/OL］. http：//bank. hexun. com/2018 – 11 – 26/195322160. html.

律咨询、旅游休闲、消费优惠五大类老年客户最需要的增值服务。"N"指的就是建设银行众多精选的金融产品和服务。

第二，拓展养老业务边界。在加速金融创新的同时，建设银行整合养老资源，搭建了统一的养老服务体系，探索以养老服务新模式，为老人提供全方位养老服务解决方案。比如，建设银行在上海推出的"存房＋养老"业务，主要是指房主委托建设银行旗下上海建信住房服务有限责任公司将房子进行出租服务，并一次性或分期获得房屋未来的长租收益。而建信住房则扮演"二房东"的角色，将房源进行出租、运营。"存房"期限可以是 1 年、3 年、5 年期，随客户的需求来改变，但是最长期限一般不超过 5 年。按 3 年房屋租金计算，老人可一次性获得约 20 万～50 万元资金。以房养老变成了房屋租赁，对老年人及其子女来说更容易接受。

第三，构建养老金融生态圈。根据老年客户的衣食住行、娱游学购、生命周期、成长积累传承等需求，集成建设银行集团、第三方各类产品和服务资源，制定并提供满足客户金融需求和相关非金融需求的服务，为老年客户提供"衣、食、住、行、娱、医"等多方面的非金融服务。比如，建设银行天津市分行在天津滨海新区依托"安心养老服务平台"推出"居家养老"服务。据了解，建设银行的"居家养老"服务功能是镶嵌于天津滨海新区政府"安心养老服务平台"的一个功能模块，为老人提供包括健康养生、医疗康复、生活服务、养老金融等一站式服务，进而形成覆盖全生命周期的智慧健康养老产业体系，培养养老产业集群。

## 四、哪些网点的转型探索取得阶段性成果

通过对供给端网点的调查与研究，我们发现，近年来，随着金融市场的进一步开放，各家银行网点之间的竞争日趋激烈，从金融产品、服务到价格，各出奇招，甚至为了争夺市场份额不惜装潢星级门面，通过免收开卡费、年费、上浮存款利率、降低网银交易费等手段吸引客户，

以此来提高自己的市场占有率。然而，从银行业本身的定位来看，价格并不是左右客户取向的唯一标准，优质服务才是银行业务发展的永恒主题和立行之本，也是广大客户的切身诉求。

因此，真正以客户为中心，强化服务工作、提升服务质量是事关金融企业未来持续发展、科学发展、跨越发展的不二法门。"究则思变"，当前，许多银行的网点正在从不同的角度切入进行转型与发展。总体来说，商业银行网点的转型一直秉承客户至上原则，实行网点工作精细化管理、差别化服务，升级完善服务机制，促进网点由"交易结算型"向"营销服务型"转变。

笔者团队站在行业的角度专门对全国的网点转型方向进行了梳理，发现中国的商业银行经营管理者不愧是以变应变的典范。以客户为中心，充分发挥银行的核心竞争力，中国商业银行进行了集体网点转型探索。让我们来看看他们的行动及阶段性成果。

第一，在网点智慧化、智能化探索的路径上，商业银行综合使用大数据、云计算、移动互联网、物联网、人工智能、区块链、5G 等新兴技术，全面提升网点的智慧化程度。

例如，2019 年 6 月工商银行首家 5G 智慧网点亮相苏州。该网点深度集成大数据、人工智能、生物识别等金融科技手段，为客户打造了更具科技感、未来感、温度感的金融服务体验。这家 5G 智慧网点依托低延时、高速度的 5G 技术，构建了"技术应用＋服务功能＋场景链接＋生态融合"四位一体的智慧服务体系，5G 通信、生物识别、物联传感、AI 分析、AR 导航、VR 服务、跨屏交互、人机协作等大量新技术实现集成应用，是目前业内应用技术较广、服务功能齐全、场景链接丰富、生态融合较深的智慧网点。

再例如，2019 年 7 月，建设银行北京某支行智慧银行正式运营。在这里，智慧柜员机是"5G ＋智能银行"金融业务办理的核心。账户服务、个人贷款等对私业务，单位结算卡、对公预开户等对公业务，个人手机银行、网上银行签约业务，转账、汇款等支付结算业务及外汇业务等 19 大类、近 300 项功能都可以在智慧柜员机上快捷实现。如果客户不会操作设备或需要业务咨询，则可以呼叫远程专家提供一对一服务。传统的存取款一体机可以提供刷脸存取款，刷脸查询、转账等金融服务。实物领取机可以提供自助回单及明细打印、照片打印、存折补登等服务。

第二，在网点特色化的探索的路径上，商业银行通过业务特色、服务特色、文化特色、环境特色给客户留下记忆点，把网点从不是客户必须去的地方，变成客户想去的地方。

例如，为满足人民对更美好的出行的需求，工商银行和建设银行都不约而同建立了"汽车主题银行"网点。"汽车主题银行"网点能够为客户提供一切与车有关的金融服务，客户在办理银行业务的同时，可以到网点汽车专区体验线上线下选车、预约试驾、维修保养、汽车分期、购买保险等一条龙的特色服务；对公客户可以享有融资贷款、全渠道支付结算、多渠道复核账单管理、多渠道宣传、多方式营销的智慧平台等一系列获客、拓客服务。

再例如，建设银行在某些网点打造个贷服务特色网点，该网点专注于做个贷。其不断丰富个人信贷产品，持续做大个人贷款业务规模，加快快贷、信用卡分期等多样化消费信贷业务，努力打造最优住房金融银行。在个贷服务网点，该行组建了个贷业务受理、调查、审批、抵押、放款全流程的专业服务团队和一支"专业、专注"的客户经理队伍，业务处理速度大幅提高，客户满意度和依存度明显提升。

此外，为充分发挥区域特色，许多银行的网点装修呈现了区域文化特色。为将客家精神充分运用于银行经营发展全过程，交通银行梅州分行在网点建设里专门做了客家文化展示区，摆放反映客家人习俗的特色泥塑，并展示百年交行一路走来的历史画卷。客家人在千年变迁和质朴生活传承下来的客家精神，与"拼搏进取、责任立业、创新超越"的百年交行企业精神交相辉映，共筑企业文化坚实堡垒。

另外，招商银行持续在环境特色化之路上做文章，推出了招商银行的"咖啡网点"。客户可以在咖啡银行网点轻松、舒适、愉悦的环境里，办理银行业务，也可以和银行工作人员像朋友一样边喝咖啡、边聊财富的保值和增值，这让银行的服务更加亲切和人性化。

第三，在网点轻型化转型探索的路径上，许多银行迈出了坚实的步伐。它们要么通过网点模块化建设来实现轻型化，要么通过运营标准化来变得轻型化。

例如，民生银行在网点转型中持续探索社区银行。该行实施小区金融战略，大胆探索，勇于创新，走出了一条"布局多元、贴近用户、服务高效、风险可控、持续经营"的网点轻型化转型之路。

平安银行某支行启动线下零售网点转型的轻型化探索。该支行新门店中打破传统银行网点分区设置的传统模式，专门设立了轻型化的"综合金融服务区"。该服务区承载了平安集团综合金融业务，为平安车险、证券、好医生等提供了"入口"。此外，该支行还引入了社区化经营理念，携手众多战略伙伴，在"衣食住行"多场景中提供综合的金融生活体验。

第四，在网点的人本化路径探索上，坚持以客户为中心，从用户的眼睛看世界，实现全流程的"客户体验"改善，书写"有温度的银行"仍然是网点转型的根本出路。

例如，招商银行3.0版本网点处处体现以人为本。走进3.0网点，立刻就能感受到它的明快和通透。3.0网点围绕"科技+生活"的理念建设，整合运用"点、线、面"等设计元素，给人简洁、时尚的感觉。3.0网点在客户隐私保护方面可谓是下足了功夫：一是将传统联排的理财柜台设计成了小隔间，增加了私密性；二是在金葵花区所有的洽谈间都配备了雾化玻璃，没有客户的时候，玻璃呈透明状态，有客户的时候，玻璃就可以一键雾化，有效保护客户隐私。

再例如，农业银行佛山某支行开展人性化网点转型探索。在这里，更关注特殊客户需求，在营业厅设立残疾人通道、爱心专座、业务弹性窗口等特色服务设施，制定完善的无障碍服务方案。同时，该支行将网点打造成岭南文化的传承地与金融知识公众宣传地，内设龙舟展示区、南狮文化展示区、茶艺沙龙区、休闲书吧、公众教育区、儿童财商教育基地，极大地丰富了客户在银行网点的服务体验。

第五，在网点的场景化、生态化发展路径上，商业银行从客户潜在"痛点"出发，挖掘一系列解决客户"痛点"的场景和机会点，从而将金融产品全方位、无缝插入客户旅程端到端的相关场景中，满足客户全方位的需求，实现生态化。

例如，工商银行与故宫通过连接构建生态圈。工商银行与故宫的连接堪称生态化转型的一个典范。一个是号称宇宙行，一个是国宝级文化重地，这两个看起来并不相关的单位居然联手合作。这是怎么一回事？原来，双方以客户为中心，围绕"文化＋金融＋科技"全新定位，在故宫文化主题展览、故宫特色主题银行、故宫元素金融及周边产品、线上搭建"故宫精品馆"平台等多个领域开展合作，让优秀传统文化伴随当代金融走进千家万户。

再例如，建设银行全面开启"第二发展曲线"，B 端赋能，C 端突围，G 端连接的探索，这标志着商业银行网点生态化转型的新起点。

在建设银行看来，在第一曲线状态下，银行的主要功能在于发展存贷款，建设银行作为大型商业银行，一直助力社会建设公路、铁路和桥梁等基础设施，推动工业化、城镇化进程。而开启第二曲线，则是要求建设银行围绕社会痛点问题，提供金融解决方案，并转向智慧生态，让人们的生活变得更加便捷、舒适和美好。具体而言，就是要围绕 B 端（企业客户）、C 端（个人客户）和 G 端（政府客户）三个维度开启转型和重构，重新定义新时代银行的功能，找到银行新的角色定位。主要包括：B 端赋能，营造共生共荣生态，做企业全生命周期伙伴；C 端突围，回归普罗大众做百姓身边有温度的银行；G 端赋能，助力社会治理成为国家信赖的金融重器。建设银行的网点转型重在提供公共产品、优化公共服务上发挥作用，一切社会"痛点"皆是机会，抓住了"痛点"拿出了金融解决方案，社会和公众自然会给予银行回馈。可以说，以前是"哪里有重点建设，哪里就有建设银行"，现在是"哪里有社会'痛点'，哪里就有建设银行"。

当然，这些探索是一个动态的过程。虽然过程中还有很多需要进一步优化，但是这代表着中国商业银行网点转型的方向。本书后面将专门对这些成功的探索进行深度介绍。

## 五、网点转型未来的方向与出路：五角星形模型

经过上述系统的研究，在动态的竞争中，我们逐渐找到方向。我们感觉商业银行的网点价值因客户的需求而有继续生存的空间。换句话说，商业银行的网点在未来仍大有可为。在研究的过程中，我们不断思考，网点转型的规律性和方向性的东西在哪里？综合理论和实践研究的结果，我们发现，总体来说，商业银行网点转型的方向在于五角星形模型，体验为王是基石，智慧化、特色化、轻型化、人本化、生态化为主要形态（见图3-6）。

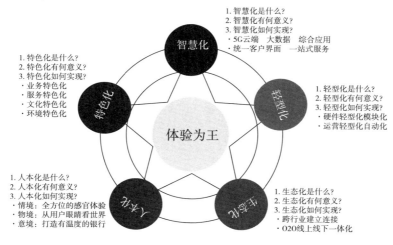

**图3-6 商业银行网点转型升级赋能模型**

（一）智慧化

未来银行最大的趋势是宛若生命体一样，拥有智慧，能看得见、听得清、说得出、读得懂、猜得准，实现与客户智能交互，提升客户体验，为网点降本增效。智慧银行是传统银行、网络银行的高级阶段，是银行企业以智慧化手段和新的思维模式来审视自身需求，并利用创新科技塑造新服务、新产品、新的运营和业务模式，实现规模经济，提升效率和降低成本，达到有效的客户管理和高效的营销绩效的目的。

智慧银行植根的土壤仍然是以传统银行为主。从发达国家及地区的发展经验来看，商业银行与新技术的结合也是一个逐步推进的过程。第一阶段是在传统商业银行的框架下，利用互联网技术发展以实体分行为基础的跨行整合服务。第二阶段是采用互联网技术进一步改造银行的业务系统与流程，打破实体分行体系，将银行产品及服务统一在一系列流程之中。目前，正在迈入第三阶段，即利用大数据、云计算、移动互联网、物联网、人工智能、区块链、5G等新兴技术，全面改造商业银行的运作模式。通过机器智能叠加人类智慧，体现智能、智慧特征。

网点智慧化不仅是网点布局的改造和智能机具的使用，更是网点服务流程的革新和经营理念的提升，是新一轮网点转型的主要推动力。该模式下，银行服务人员得到有效补充，且与客户的交流方式变为"肩并肩的顾问式"，客户体验和客户满意度都显著提升。

（二）特色化

银行物理网点的特色化是未来的必要趋势。网点需要通过业务特色、服务特色、文化特色、环境特色给客户留下记忆点，把网点从不是客户必须去的地方，变成客户想去的地方。

在网点的交易职能被弱化后，网点已不再是客户"必须去"的地方。

银行开始思考如何在网点为客户提供更多的价值，吸引客户，使网点成为客户"想去"的地方。银行需要再次作出决策：面对客户360度的需求，包括金融和非金融的，银行网点到底应该如何定位，应该如何结合自己的情况，提供什么内容的特色服务才能吸引和保留客户，并且在成本和收益上做到平衡。

（三）轻型化

近年来，一些银行选择客户流量稳定、客户结构单一的网点开展理财便利店改造，并对这类网点的人员配置、考核办法和服务模式等进行了探索。同时，一些理财便利店还实现了智能化服务，做到"减柜不减服务"，在大幅压降运营成本的同时，有力地推动了网点从交易型向服务型转变。

网点作为银行最为昂贵的交易渠道，在硬件上可通过模块化建设、功能点间自由组合的方式降低成本，在服务上通过打造简单方便的自助服务，精减人员的方式实现运营轻型化，使即使在偏远地区，依然能在成本可控的前提下，为客户提供线上线下有力结合、无缝连接的整体体验。轻型网点通常是指相对传统的银行网点面积较小、智能化程度更高、运营成本较低，经营效能更大的特色金融机构。推进轻型网点建设是目前银行业加速网点转型与提升网点竞争力的主要着力方向。

如何实现网点轻型化呢？一方面，通过硬件轻型化来实现网点模块化建设，自由组合；另一方面，通过运营轻型化，打造快速方便的自助服务，精减人员。

（四）人本化

管理大师德鲁克说，企业的使命不是创造利润，而是创造客户。以客户为中心，体验为王是当今数字时代的必然要求，银行网点应从物境、情境、意境三境融合，为客户打造有温度、有情怀、有口碑的银行。

网点转型的目标是将网点建成客户体验中心和客户关系管理中心，客户体验最优化应成为银行新一轮渠道再造的立足点。

基于客户而不是产品的服务，不仅能设计出更好的服务，让客户有更好的体验，还能帮助银行抛弃顽固、传统的产品和技术。这在充满变化的时代非常重要。

提到人本化，人们本能地会想起，某些零售业务做得较好的银行配备了便民服务、劳动者港湾、爱心座椅、女性停车位这些设施。但仅仅在现象层面重复意义不大，我们更希望往里挖一层，提取打造人本化银行的方法论。一言以蔽之，从物境、情境、意境三个渐进的维度，打造出具有卓越客户体验的银行。

（1）物境：提供全方位一流的网点感官体验。

（2）情境：从用户的眼睛看世界，实现全流程的"客户体验"改善。

（3）意境：通过组织考核，"以客户为中心"书写"有温度的银行"。

（五）生态化

与客户进行充分有效的接触与互动是促成交易的关键环节，其方式包括聚焦社群（Community）、搭建场景（Context）、营造话题（Content）和强化连接（Connection），即"4C"。然而，银行网点对客户的服务属于典型的低频交易。为了增加与客户接触和互动的机会，就需要跨界借势，通过线下消费体验和生活服务商圈的搭建等高频次场景，来带动低频次的金融服务场景，通过延伸服务边界来实现银行与客户之间更加紧密的连接。对于银行而言，生态化的精髓是主动打破边界，通过金融＋场景的方式服务客户端到端的金融相关需求。银行从客户潜在"痛点"出发，挖掘一系列解决客户"痛点"的场景和机会点，从而将金融产品全方位、无缝插入客户旅程端到端的相关场景中，满足客户全方位的需求。最终给银行带来海量数据、多元场景的客户，以及打通价值链，提升风险经营的核心能力。

当然，五化并非是孤立的，它们互相连通成为一个整体，共同代表商业银行未来的转型方向。

事实上，我国银行网点一直不断自我转型。总体来说，网点的转型发展大体经历了以下几个阶段：第一个阶段是以区分网点功能定位、完善网点空间布局为主要内容的"硬"转型，可以看作网点转型 1.0 版本；第二个阶段是以优化业务处理流程、提高网点服务效率为主要内容的"软"转型，即网点转型 2.0 版本；第三个阶段是以提高网点营销力、辐射力和竞争力为主要内容的"强"转型，即网点转型 3.0 版本。当然，网点转型的各个阶段并不是完全独立和割裂的，在实践中往往是接续交叉实施的。前三个阶段的网点转型都属于内视型改革，主要关注的是银行自身软硬件服务能力和竞争力的提升，关注的是网点自身业态与功能的调整。与前三个转型版本不同的是，网点转型 4.0 版本属于外视型改革，其目标是在互联网金融时代下，打造充分尊重客户体验、满足客户多元需求的线下智能渠道，使网点运营模式和服务流程全面转向以客户为中心，将网点建成客户关系管理中心、客户体验中心和 O2O 落地服务中心，重塑银行物理渠道的优势和价值。①

---

　　① 杨飞. 商业银行网点转型的方向是什么？［EB/OL］. http：//www. sohu. com/a/79931425_396772.

第四章

# 智慧化

## 网点转型升级赋能方向之一

过去工业时代对企业的要求是自动化、标准化，而现在数据时代对企业的要求是智慧化。

——阿里巴巴马云

智慧化是当前网点转型的主流方向，仅 2018 年银行网点改造数量就将近 1 万个，建设银行等领先银行甚至已经开始了无人网点的尝试，银行业务的离柜率水平已经高达 88.67%。仅仅改造网点硬件是不够的，网点运营、营销和服务模式也必须数字化和智能化，并通过线上、线下有力结合为客户在网点打造物理渠道、虚拟渠道和数字渠道的无缝体验。谈及智慧化银行的落地，首先我们要了解智慧化银行是什么。

## 一、智慧化银行是什么

智慧银行是传统银行、网络银行的高级阶段，是银行企业以智慧化手段和新的思维模式来审视自身需求，并利用创新科技塑造新服务、新产品、新的运营和业务模式，实现规模经济，提升效率和降低成本，达到有效的客户管理和高效的营销绩效的目的。

智慧银行的支撑平台是智慧门户。其主要特征是社会化、智能化和多样化，目标是增强本行的核心竞争力，促进信息科技与业务发展的深度融合，推动业务创新、产品创新、服务创新、流程创新、管理创新，增强可持续发展能力，为社会公众提供丰富、安全和便捷的多样化金融服务。[①]

智慧银行植根的土壤仍然是以传统银行为主。从发达国家及地区的发展经验来看，商业银行与新技术的结合也是一个逐步推进的过程。第一阶段是在传统商业银行的框架下，利用互联网技术发展以实体分行为基础的跨行整合服务。第二阶段是采用互联网技术进一步改造银行的业务系统与流程，打破实体分行体系，将银行产品及服务统一在一系列流程之中。目前，正在迈入第三阶段，即利用大数据、云计算、移动互联网、物联网、人工智能、区块链、5G 等新兴技术，全面改造商业银行的运作模式。通过机器智能叠加人类智慧，体现智能、智慧特征。

---

① 资料来源：百度百科。

我们认为，在"共享＋智能"的趋势下，智慧银行是实体银行走向未来银行的必经之路。智慧银行的核心就是要打造成客户身边的银行，要无处不在，且要更灵动、更安全和更智能，这是和传统银行最大的区别。所谓智慧银行，我们认为，是指在共享经济的理念下，以客户为中心，运用FinTech（金融科技）等创新技术和人类智慧，打造具有"智商"的银行，更好地为客户提供高效、便捷、泛在、一站式的综合性金融服务。通过将人类智慧与智能技术相结合，实现金融服务的智能化，达到"供需两便、化繁为简"的商业银行新境界。

## 二、智慧化有何意义

智慧银行的主要特点表现在五个方面：看得见、听得清、说得出、读得懂、猜得准。在此基础上，实现智能感知、智能交互、智能分析、智能推断。这些特点看似遥远，但实际上手机已经实现了类似的功能，在金融行业的运用也已经逐渐成为现实。

一是智能感知：看得见。智慧银行应该具备智能感知客户的能力，一方面要能够以安全、高效、便捷的方式实现对客户的身份识别；另一方面在识别客户的基础上能迅速读取客户数据，形成客户的全景视图。在传统模式下，银行通过要求客户输入密码实现对身份的识别认证。这一过程虽然安全程度高，但是在许多情形下仍然显得流程复杂，用户体验不佳。随着生物识别技术的进步，对于用户的身份识别手段更加多样，且更为便利，银行得以为用户提供更加流畅的用户体验。

二是智能交互：听得清。智慧银行通常还应具备与客户智能交互的能力。首先，应具备听得清的能力。随着自然语言处理技术的逐渐成熟，智慧银行应该逐步具备自然语言识别的能力。也就是说，客户以自然语言表达自身的需求，银行的智能助理服务或智能机器人能够理解客户所表达的意思，进而在此基础上作进一步的分析、处理和反馈。

三是智能表达：说得出。智慧银行还应具备说得出的能力。银行的智能机器人可以通过自然语言的形式，将分析处理结果向客户进行反馈，以人类易于理解的语言与客户进行沟通。此外，智慧银行还应将各类新兴的技术成果加以应用，实现与用户的全方位互动。例如，借助虚拟现实技术，智慧银行可以为客户搭建虚拟网点，通过虚拟互动方式，以更直观的方式将产品服务展现在客户面前。借助增强现实技术，客户可以在购物的同时，显示相应产品的价格、配套的消费金融产品等。

四是智能分析：读得懂。智慧银行还应具备自动化的分析能力。首先，智慧银行应打造自动化的分析评估能力。大数据时代的来临，使用户信息和数据大大增加，智慧银行应充分运用大数据分析技术，结合银行内部的用户数据，并从外部渠道获取相关数据，加深对于用户数据的分析挖掘，从而高效、快速地获得对于用户财务状况、信用状况、风险特征、消费偏好等的认识。其次，智慧银行还应能够动态跟踪客户信息的变化。通过互联网等技术手段，跟踪客户财务状况的变动、把握客户的消费动向，形成一个动态的客户视图，从而为更快地响应客户需求打好基础。最后，智慧银行不仅应能读懂客户，还应具备读懂外部环境的能力。商业银行应借助人工智能、认知计算等技术，实现对外部宏观环境、政策变化、市场波动等的跟踪分析。例如，花旗银行就运用了 IBM Watson（认知智能系统），通过 Watson 自动研读年报、招股说明书、贷款绩效、收益质量并进行分析思考，进而提供一个更加快捷综合的外部环境全景分析，给出相应的形势分析。

五是智能推断：猜得准。在智能识别、智能分析的基础上，智慧银行还应做到智能推断。推断、预测可以说是认知计算领域的难点。但随着神经网络、深度学习等人工智能技术的进步，未来机器人在推断、预测方面有望取得更大的突破。Google 的人工智能 AlphaGo 战胜世界围棋顶级高手李世石，就表明了人工智能在分析、推断上所取得的巨大进展。要成为一家真正的智慧银行，商业银行就需要将人工智能技术加以充分的运用，能够通过构建有效的算法，对客户需求作出预测，对未来的市场走势进行判断，进而为客户提出合理的产品服务建议。就像把人工智能技术运用到投资理财领域，智能投资顾问可以根据客户的资产状况、风险偏好、投资目标，结合市场形势，为客户提出量身定做的投资建议。

我们认为，未来银行之间的竞争将从人之间的竞争，变成机构之间的"智商"竞争。具体来看，智慧银行的"智商"至少体现在四个层次，重点解决以下四个方面问题：一是智慧银行的"大脑"，重点解决感知和决策的问题，这是智慧银行真正的核心竞争力。二是智慧银行的"血液"，重点解决数据的来源、标准化和共享等问题。三是智慧银行的"内分泌"系统，重点解决智能化建设的覆盖面。即智能化建设在银行经营管理各个领域的实际应用与否，以及应用的深度。四是智慧银行的"神经"系统，重点解决业务模式的智能化程度。它是解决人端和机器端及智能端的交互感应问题。在数据分析和客户深度洞察的基础上，向客户提供定制化、专业化和智能化的金融服务。只有上述各领域协调推进，才能真正形成智慧化发展的新格局。

## 三、如何实现智慧化

### （一）总体框架①

智慧银行将按照"云＋智能平台＋端"的总体框架，通过深度融合AI（HI）（人工智能、人类智能），不断完善"云＋端"扁平式双层架构体系，形成垂直整合、横向延伸的开放生态圈，使金融服务更加便捷化、定制化与智能化。智慧银行模式将由传统的"系统＋客户经理"向"系统（由银行专家训练的智能机器人）＋大数据工程师"转换，从而为客户提供更精准、更有效的金融服务。

---

① 德勤．"Bank3.0"时代，银行网点将何去何从？ ［R/OL］．http：//www.casplus.com/home.asp．此部分图片都来源于此。

　　所谓"云"是指云系统架构，旨在构建虚拟化、高效率、低成本开放共享的 IT 系统架构，为低成本使用计算资源打开方便之门。所谓"智能平台"是银行和客户交互的后台，目前至少包括八大平台，智能营销平台、智能客户关系管理平台、智能风险管理平台、智能合规管理平台、智能审计平台、智能运营平台、智能交易平台和智能投研投顾平台。每一平台都类似于 IBM 公司研发的人工智能 Watson 系统，能够处理超大容量非结构化信息和准确回答专业性金融问题的能力。所谓"端"，不是指手机、个人电脑等载体，而是要以物联网的无线传感器为基础构建人机交互的场景。

**图 4 - 1　"云 + 智能平台 + 端"实现机器智能叠加人类智慧**

　　要实现上述目标，智慧银行需要从前台、中台、后台三个层次提升银行的智商，而 FinTech 的运用是智慧银行构建的强大驱动力。技术层面的构建包括三个层次：层次一是智慧银行的客户界面——全新交互方式感知客户需求，让银行更灵动，为客户提供泛用型的智慧银行服务。在这一层将采用各类互动技术构建场景满足客户，并实时采集客户数据。层次二是智慧银行的基础设施——重构高效 IT 系统，让银行的系统架构和运营流程更优化，效率和安全性更高。层次三是智慧银行的智能决策系统——塑造银行思维能力，通过运用包括金融机器人在内的人工智能等技术重塑后台的智能决策系统，让银行的"智商"更高。

毋庸置疑，网点更加智能化是趋势。然而，一些银行在对网点的智能化投资上非常盲目，很多资源都浪费在设备的升级改造，而忽略了客户的实际需求及内部流程、数据和系统的整合。经常发生的情况是网点硬件完成了智能化改造，但在业务处理和客户服务流程上却没有进行相应的匹配，导致网点开门营业后，智能化设备的客户体验不好，使用率并不高。认为使用了某个智能设备，或者将业务迁移到电子渠道就是实现了智能化是片面的，网点智能化的中心是客户，而执行的关键，一是拆掉传统的渠道之间的藩篱；二是利用智能化的技术和手段改造现有的流程和客户服务模式，为客户提供更好的体验。

**图 4-2　借助 FinTech 技术构建前台、中台、后台三个层次的系统架构**

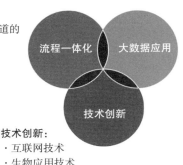

流程一体化：
· 规范和统一各个渠道的业务流程
· 跨渠道流程交互
· 流程简化和自动化

大数据的应用：
· 网点客户细分
· 交叉销售
· 厅堂管理
· 客户互动
· 业务决策支持

技术创新：
· 互联网技术
· 生物应用技术
· 多媒体技术
· 新支付技术

**图 4 - 3　网点智能化三结合示意**

### 1. 先进技术和智能化设备的使用

新技术的发展，促进了智能化设备在金融行业的广泛应用，为网点的智能化提供了更多的技术可能性。未来网点智能化使用的新技术主要包括以下四类。

一是 5G 技术。第五代通信技术，与之前 2G、3G、4G 不同的是，对现在无线接入技术的演进，以及一些新增的补充性无线接入技术集成后解决方案的总称。5G 意味着：1 ～ 20Gbps 的峰值速率；10 ～ 100Mbps 的用户体验；1 ～ 10 毫秒的端到端延时；1 ～ 100 倍的网络能耗效率提升。

5G 技术的普及，将会带来全面变革的网络。4G 改变生活，5G 改变社会，从人与人之间的互联，扩展到人与物、物与物的互联，人类将进入万物互联时代。5G 关注的是更多大场景、多维度的应用，物联网的部署将会带来更多应用，像智慧城市、智慧楼宇、智慧家庭。聚集各类平台、企业，融合成为新的业态，带来新的产业变革，这就是大连接。

二是云计算。简单理解，云计算就是大数据的处理平台。大数据不会自动产生价值，通过云计算处理、分析之后才能创造价值。未来经济将不断数据化、智能化，而云计算正是数据化与智能化的基础设施，是人工智能在各行业大规模应用的底座和桥梁。

三是人工智能。银行业作为高度数据化的行业，加之业务规则和目标明晰，是人工智能和云计算等数据驱动技术的最好应用场景。这基于四个理由：其一是银行一直非常重视 IT 技术的利用，信息化程度较高，技术环境与条件较好；其二是银行信息化程度较高，拥有丰富的数据沉淀；其三是传统金融行业更多是以人力为主的服务行业，亟待通过人工智能技术降低成本；其四是银行具有一定资金支持，留有试错的空间。依托机器学习、深度学习、自然语言处理、知识图谱等底层核心技术，智能风控解决方案可提供预授信行内白名单、贷前准入、贷后预警、收益评分、信用卡激活促动、信用卡贷后调额、智能催收等多个场景的解决方案。

四是区块链与供应链金融。长期以来，小微企业由于自身信用不足、抵（质）押物相对缺乏、信息不对称等原因导致其融资难、融资贵、融资慢，而供应链金融就是银行围绕核心企业，管理上下游中小企业的资金流和物流，以核心企业的信用做背书，向链条中的小微企业提供贷款的金融服务。但供应链金融因为信用难以穿透的症结较难落地。以区块链技术为底层的供应链金融解决方案能确保数据可信、互认流转、隐私保护，解决供应链上存在的信息孤岛难题，释放核心企业信用到整个供应链条的多级供应商，提升全链条的融资效率，降低业务成本，丰富金融机构的业务场景，从而提高整个供应链上资金运转效率。

**2. 大数据的应用**

银行需要更精准地把握客户需求，线上、线下平台收集的客户信息是否被充分整合和应用是银行制胜的关键之一。网点不仅是银行客户数据的重要信息来源，大数据的应用也是网点智能化的一个重要支撑手段。未来大数据的使用将在网点智能化中发挥重要作用。

分析客户选择物理渠道的因素以进行业务决策：利用数据分析，银行可以更好地判断哪些因素是影响目标客户群进行网点选择的因素，从而制定更科学、更有效率的业务决策，如网点的选址、网点硬件和功能配置、网点特色和风格、网点需要配置的人员、产品和服务内容等。

网点内个性化的服务和营销支持：利用数据分析技术，网点工作人员就能够将客户进行更好的分类和细分，针对客户的行为提供更加"个性化"的服务内容和智能化的推荐。例如，利用数据分析技术不断优化网点多媒体推送的内容。

智能化的网点管理：数据分析技术可以支持网点管理人员和运营人员制定更科学的业务经营决策和执行方案，如网点的客户定位、网点日常营销活动的策划和组织、网点厅堂的管理等。

**3. 业务流程再造**

业务流程再造是网点智能化最重要的工作。除传统的通过业务流程简化、运营集中、服务流程标准化等手段对网点进行服务流程再造外，网点智能化考虑的重点应该是线上、线下的融合。打通线上、线下，需要有创新性的思维，能够从客户体验的角度出发，改变固有的业务流程。

跨渠道的业务流程整合：未来越来越多的业务流程可能需要通过电子渠道和网点两部分共同完成，不同渠道之间是否被打通，形成良好的协同，将是业务流程再造的关键。例如，线上预约和信息录入，线下完成交易。国内有的银行开始尝试通过线上填写信息进行信用卡的申请，后台自动审批，审批通过后，客户可预约前往网点进行身份核实和现场制卡发卡。

关注客户诉求的网点业务流程升级：线上平台简单便捷，足不出户或随时随地就可办理金融服务；而线下渠道强调人与人之间的交互，客户能够面对面地体验到优质服务。随着客户操作习惯和对渠道的期望或偏好的变化，未来银行需要关注客户选择网点渠道的诉求，升级网点的业务流程，一方面，通过技术手段尽量提供给客户更加便捷的操作体验；另一方面，需要精心设计与客户之间的"关键接触点"和"关键时刻"，突出线下渠道的独特价值。例如，美国 ING 直销银行在线下设置的服务站——ING 咖啡馆，就通过精心设计服务站的业务流程而致力于为客户提供良好的客户体验。

## （二）智慧银行的应用体系构建①

### 1. 智慧银行的模式构建

要构建智慧银行系统，需要对商业银行的金融模式从以下四个方面进行改变。

第一，建立以"FaaS"为核心的商业模式。在技术和制度的双重保障下，IaaS（基础即服务）、PaaS（平台即服务）、SaaS（软件即服务）将逐步演进到 FaaS（Finance as a Service，金融即服务）。在智慧金融体系里面，必须把中后台变前台，并且将金融及服务全打包，只有这样才能使金融成为一个基础的服务模块融入物联网的生态。在这种模式下，FAAS 的理念将体现在以下五个方面：

一是提供"傻瓜式"的服务。只要需求出现，金融服务就会出现。如果商业银行拥有客户的物流、信息流，就可以配套提供相应资金流服务。

二是增强互动性。传统的金融服务需要人与人面对面的交流和沟通，但是通过使用如智能移动终端等科技手段，可广泛提升服务的可触达率和覆盖率，实现智慧交互、智能感知。

三是提高可获得性。以前由于技术成本过高和服务成本过高，银行无法对部分客户群体提供服务，服务缺失现象严重。但通过云计算和大数据等科技手段，可以获取客户数字化的信息，如个人情况、社交数据、交易记录等。通过大数据的甄别和风险计量，使缺乏信贷历史的用户也能有机会获得金融服务。

四是降低客户成本。新技术的诞生，既带来效率的大幅提升，也带

---

① 李麟．共享经济模式下智慧银行体系构建［EB/OL］．http：//www. sfi. org. cn/plus/view. php？aid＝1073. 此部分图片来源于此。

来成本和费用的下降，能更好地解决信用融资中"信息不对称、风险管理难"的困局。未来，商业银行可以通过流程优化、技术更新、费用降低等方式降低成本，使客户获取价格合理的金融服务。

五是提升安全便捷性。金融的核心是风险，商业银行必须不断提升风险管理的能力。只有在保证安全的前提下才可以谈体验和便捷。所以，商业银行应该探索运用基于大数据的实时智能风控系统给客户提供最安全的服务体验、最便捷的金融服务。

第二，建立数字化的业务模式。商业银行必须加快信息技术和金融业务融合，积极推进数字化经营。目前，客户的行为轨迹在数字化、客户接触渠道在数字化、运作流程也在数字化的基础上不断重构，数据正在成为银行经营的新兴资产。正是由于客户行为和客户期望的变化，银行在业务模式上更需要进行数字化转型，而不仅仅是把数字化作为一个工具。数字化的业务模式是银行标准化的基础，只有这样才能达成传感器和人力端的融通。首先要构建数字化的服务体系。基于云计算、大数据，不断加强客户信息一体化，实现人与人、人与机器、线上与线下的数据共享，在客户获取、客户识别、交叉销售、厅堂管理、客户互动上加强数据应用，实现定制化、高响应的服务支持。其次要构建数字化的内控体系。通过网点数字化改造，大幅减少柜台操作的风险点；重构运营内控体系，在守住风险底线的前提下，适度提高操作风险容忍度，消除控制冗余，平衡好内控与成本、客户体验之间的关系。最后要构建数字化的管理体系。整合运营绩效管理平台，从渠道、支付结算、账户、流程、交易等运营角度，加强数据应用，支撑经营管理决策；推动实施运营成本计价，利用价格信号反映运营资源的稀缺性，完善产品和服务全流程投入与产出的分析计价机制，科学评估运营价值，使运营资源发挥最大效益。

第三，创新"去边界化"的运营模式。商业银行应该以 C 端为中心，以客户新需求为标准，打造线上与线下渠道融合，实现从 O + O 到 O2O

到 $O^2$ 再到 $O^3$。目前，商业银行的运营模式更多的是线上线下并重的经营模式，也就是 O + O 模式。但实际上，虽然线上和线下的服务可以部分互为补充，但线上和线下还未完全打通。因此，银行下一步发展的方向是 O2O 模式，各家银行也在展开相关的探索研究。在此阶段，要以客户需求、业务交易为驱动，通过梳理服务场景、分析业务流程，充分发挥各渠道特点，将独立化、碎片化的渠道服务予以贯通，发挥协同效应，实现渠道内部、不同渠道间客户服务体验、信息交互、业务流程的无缝衔接和一致性。而后，线上线下的服务融合性会逐渐增强，第三阶段会到 $O^2$，即再也分不清线上线下，从任何一个接口进入，都是全方位的银行体验。长远来看，第四阶段会到 $O^3$，即全方位的银行和银行外部生态渠道体验。未来，通过各种移动设备，银行服务将无时无处不在，银行不再是一个地方，而是一种行为，客户可以用最佳方式享受银行服务。

第四，构建"共享共赢"的盈利模式。银行业以前是高门槛、高准入的行业，商业银行的盈利模式主要是利用资金优势、牌照优势，把资金当作自己的资源，挣利差的钱，主要是"利己"。但随着 FinTech 的出现，交易成本和银行准入门槛大幅降低，各种新型的银行模式相继出现。在此背景下，未来银行的盈利模式也将发生颠覆性的变革。一是从赚利差向提供服务转变。银行应该转而向类似 Uber、Airbnb 的信息中介功能升级，成为融资交易的撮合者和代理者，为交易双方提供信息及增值服务。二是从产品思维向构建金融生态思维转变。目前，单一、零散式的产品创新已经无法适应客户的金融需求，必须借鉴互联网平等、公开、共享等创新思维模式，与母子公司、关联方及同业构建起更多场景的金融生态圈，为广大用户提供一站式金融服务。三是从"利己"向"共赢"转变。未来，商业银行应该运用"共享"的理念，秉持"痛点"思维，把自己的资源共享给客户，为客户提供全面的"痛点"解决方案，设法"利他"，实现利益共享。未来，谁能更了解他的客户，更能为客户创造价值，更能满足实体经济和客户"痛点"式金融服务需求，那么谁就将在竞争中胜出。

**2. "云＋智能平台＋端"的智慧银行体系构建**

云系统架构是智慧银行体系的基础。云系统架构具有动态、高效、开放、弹性、敏捷的特征。以云计算为核心，智慧银行可以建立封装系统架构，并以开放式 API 接口连接外部合作伙伴，拓展业务的广度和深度，链接营销、客户关系、服务、风险管理、运营、决策等智能应用平台。另外，整合集团内外结构化和非结构化数据，构建集团共享的"数据仓库"，为银行数字化建设夯实数据基础。

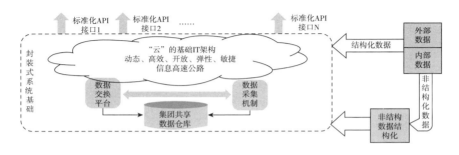

**图 4 - 4　云系统架构是智慧银行体系的基础**

智能平台是智慧银行体系中智能应用的核心。在"云＋端"基础架构支撑下，基于大数据和人工智能，商业银行至少可以在营销、客户关系、风险、合规、审计、运营、交易和决策八大经营管理领域打造相应的智能应用平台。一方面，针对标准化业务流程，深度融合"模块化"与"模型化"，以机器取代人工，提高经营效率，降低成本。另一方面，针对非标准化及专业化要求高的业务流程，以海量数据为驱动，为实时高效决策和经营管理提供智能化支撑。具体如下：

一是打造智能营销平台。智慧银行应以 API 为接口，融合生态圈，整合 PC 端、移动端等服务入口，拓展获客及营销渠道。在此基础上，借助大数据分析技术，实现靶向营销、交叉销售及定制化的产品服务。基于客户行为，还能主动识别潜在营销机会，实现智能推送。

二是打造智能客户关系管理平台。智慧银行应该实现集团内客户信息共享，构建全方位客户数字化视图，通过对客户足迹数据的动态跟踪，建立统一的客户成长体系与权益体系。要整合内外部数据，打造客户完备的个人征信体系；然后，嫁接第三方平台场景，对现有客户进行挖潜，对潜在新客户进行拓展等。

三是打造智能风险管理平台。智慧银行应该整合内外部数据资源，通过大数据分析，建立数字化的风险量化模型，打造全流程、全视角风险视图。要通过打造大数据风险监测体系，实现风险智能化识别预警、智能化处置等。

四是打造智能合规管理平台。智慧银行应该构建数字化合规风险管理体系，提高内控合规质量和效率；应该利用专家规则和人工智能，建立反洗钱、反欺诈智能监测机制。通过对员工行为的数字化管理，建立智能合规预警系统，提高合规操作效率；充分利用法律科技（legaltech）手段，应对客户运用高科技的风险。

五是打造智能审计平台。智慧银行首先应该建设审计信息系统，解决审计基础平台问题；然后，搭建审计数据中心，构建审计技术与安全体系，解决大数据处理及应用问题；最后，打造审计监控中心，解决审计预警与信息共享问题等。

六是打造智能运营平台。智慧银行应该通过数字化手段实现渠道整合，打造线上线下融合的数字化渠道。一方面，应该进行运营要素和流程的数字化，为大数据分析提供素材，为科学运营提供基础。另一方面，构建智能运营支撑平台，为智能机具、线上运营提供支持。要采用一体化、智能化手段实现流程优化，提升运营效率。

七是打造智能交易平台。智慧银行应该结合人类智慧经验与机器交易的优势，在提升交易效率的同时对交易市场进行更智能的分析。一方面，运用自动化手段获取并分析金融市场行情，结合宏观数据与微观行情给出预测与建议。另一方面，采用程序化手段，运用模型进行金融产品的量化交易和程序化交易，并通过运行的结果，对模型和策略进行评估和动态调整。

八是打造智能化决策支持平台。智慧银行应该构建全景式的管理信息视图，全面刻画客户风险偏好等特性。在此基础上，运用统计学、大数据等手段进行量化投资分析，为客户提供数据可视化资产组合收益视图；运用人工智能，在理解客户风险和量化分析的基础上，实现投资组合的动态调整。

**3. 统一客户界面，提供一站式"傻瓜式"金融服务**

在构建智慧银行的基础上，还需要按照由内及外、由内部融合到外部生态构建的演进思路进行拓展，为用户提供一站式门户。一方面，智慧银行需要运用数字化融合的方式，打造数字控股集团，从银行的数字化衍生扩展到集团内的基金、信托、租赁、基金、保险等领域，从而提升集团数字化管控水平，形成集团统一的一站式门户。另一方面，智慧银行还需要以智慧银行集团为核心，融合征信平台、数据供应商等关联方构建智慧银行集团生态，形成融入各种场景的一站式门户。通过这种融合，旨在提供统一的客户界面，为零售客户、公司客户、金融机构客户和金融市场客户提供一站式"傻瓜式"金融解决方案。

未来，在智慧银行模式下，对客户提供的服务要简单化，但供给者（银行）却需要更加专业化。客户享受到的一站式便利化服务、智能化决策，是建立在后台专业化基础上。因此，构建智慧银行除前文的技术架构、应用平台外，还需要银行的后台专家和监管机构比以前更"专"，在风险管控上更"严"，只有这样，我们设计的软件、算法库、方法选择等才能更智能、更便利、更安全，才能为客户提供更优质的服务。

## 四、业界探索案例

### （一）业界探索案例之一：工商银行首家 5G 智慧银行亮相①

随着金融科技的不断应用，作为"宇宙行"的工商银行也在不断进行智慧银行的探索。2019 年 6 月，工商银行首家 5G 智慧网点亮相苏州。

该网点秉持工商银行"科技赋能、创新领跑"的发展理念，深度集成大数据、人工智能、生物识别等金融科技手段，为客户打造了更具科技感、未来感、温度感的金融服务体验。此前，工商银行北京某支行在国内银行业率先连通 5G 网络，实现了业务通过 5G 网络高速承载。如今这家位于园区的工商银行 5G 智慧网点依托低延时、高速度的 5G 技术，构建了"技术应用 + 服务功能 + 场景链接 + 生态融合"四位一体的智慧服务体系，5G 通信、生物识别、物联传感、AI 分析、AR 导航、VR 服务、跨屏交互、人机协作等大量新技术实现集成应用，是目前业内应用技术较广、服务功能齐全、场景链接丰富、生态融合较深的智慧网点。

当前，信息科技飞速发展、金融创新层出不穷、客户行为不断变迁，网点服务模式正在发生深刻变化。工商银行以金融科技为支撑，积极打造新一代智慧网点体系，努力把科技创新成果转化为客户关心和期盼的金融服务。工商银行首家 5G 智慧网点的建立运营，将有力推动工行经营转型和服务质量提升，为智能制造、幸福产业和民生领域提供更加优质高效的金融服务，更好地服务实体经济，推动普惠金融发展。

每一次技术浪潮都为银行带来转型升级的机遇，客户、渠道、产品、团队、科技、制度也随之发生巨大的变革。工商银行江苏分行负责人介绍，在 5G 智慧网点设计规划进程中，始终秉持以客户为中心的服务理念，

---

① 聚焦长三角. 工商银行首家 5G 智慧网点亮相苏州［EB/OL］. http：//www. sohu. com/a/ 319959420_413483. 此部分图片来源于此。

突出三大原则：坚守金融本源，主动拥抱科技发展而实现的金融供给侧结构性改革，以服务实体经济和百姓民生为使命；注重科技驱动，致力于为客户打造"多渠道、全方位、智能化、人性化"的全方位服务，改变客户的金融生活；融入苏州文化，通过有形的苏州文化特色元素的巧妙运用，提供了一个有温度、能亲近的银行网点。

5G 时代，一切皆有可能。"金融＋科技＋文化"的圆融结合，使金融服务融入客户的日常生活场景。据介绍，工商银行 5G 智慧网点植根客户的智慧金融服务需求，秉持"金融与科技融合、金融与生态融合、金融与人文融合"理念设计。在 5G 技术支持下，网点构建了"技术应用＋服务功能＋场景链接＋生态融合"四位一体的智慧服务体系，为客户带来更加安全、便捷、智慧的金融服务体验。

一是金融与科技融合。基于 5G、人工智能等新技术的深度整合应用，工商银行 5G 智慧网点建立起客户与银行之间更通畅、更紧密的纽带，可以更高效地为客户提供有温度的金融服务。例如，运用生物识别技术，更安全、更精准地识别到店客户身份；通过虚拟人物形象和游戏交互提供个性化互动和营销服务；基于生物识别与多屏交互技术，实现自助办理各类常用业务；使用远程音视频技术，提供远程座席"一对一"服务，突破银行服务在交易介质、时间、空间等方面的限制。

二是金融与生态融合。通过与政府、高校及企业等更紧密合作，构筑多元化金融服务中心，打造覆盖周边区域的泛金融服务生态圈。例如，工商银行苏州分行以网点专业团队及网点群落合作为支撑，携手合作伙伴，为周边企业提供平台化的电子商务、普惠金融、交易金融、投资银行等服务，为周边个人客户提供场景化、社交化的消费金融、财富金融等服务。

**图 4-5　工商银行 5G 智慧网点内景**

三是金融与文化融合。网点设计注重客户的情感体验，融入更多人文元素。例如，工商银行苏州 5G 智慧网点将网点厅堂设计成一幅江南美景。在客户等候办理业务的间隙，"漂流图书馆"为客户提供查阅、学习各类知识的便利；"健康一体机"通过人脸识别提供自助体检，帮助客户及时了解身体状态；扫码借书、刷脸咖啡，让银行网点服务更加贴心。

工商银行智慧网点采用新理念、新流程、新布局、新设备为客户带来智能、互动、开放、个性、便捷的全新服务体验，目前已实现 5 个功能，即惠·金融、荟·合作、绘·画像、汇·品牌、慧·科技，将科技融入场景中去，呈现了 5G 智慧网点的崭新面貌。

## （二）业界探索案例之二：建设银行北京某支行智慧银行试验①

2019年，建设银行首批三家"5G＋智能银行"落户北京。这是建设银行继2013年推出全国首家智慧银行后，打造出的金融与社会服务新场所。

建设银行负责人表示，"5G＋智能银行"的启动，是建设银行落实与北京市政府签署的全面战略合作协议，全面推进"北京新金融行动"的一项举措。下一步，建设银行还要在同步启动三家的基础上再建14家，实现一区一家。

建设银行负责人表示，作为新金融具体而微观的体验场所，"5G＋智能银行"是建设银行"金融科技"战略的产物。基于建设银行"新一核心系统"的开放平台，"5G＋智能银行"融合了5G、物联网、人工智能、远程交互、生物识别等核心技术，致力于创造智慧、便捷、绿色的数字化交互式新金融体验场所。

图4－6　建设银行"5G＋智能银行"北京某支行内景

---

① 欧阳剑环. 建行首批三家"5G＋智能银行"落户北京［EB/OL］. https://www.shangyexinzhi.com/article/details/id－103957/. 此部分图片都来源于此，图片为《中国证券报》记者车亮摄。

**1. 新潮网点模式**

"谁曾想到，一家银行网点如今成了网红打卡点。"带着好奇，记者近日探访了建设银行3家"5G＋智能银行"之一的某支行。

走进网点，各个细节体现了满满的科技感：门口"导览屏"实时更新访客人数、温度、湿度及PM2.5的变化；进入网点，仿真机器人迎宾识别、萌萌的吉祥物"班克"全息动画互动、网点导览综合指引；进入"5G＋智能银行"的各个区域，凭借人脸识别、智能语音、VR、AR等技术的综合运用，客户可以迅速办理银行业务、咨询预约、5G－WiFi冲浪、下载分享个性化名片、体验寻宝记等互动游戏，享受各个场景下的个性化、专属化服务。

其中，一个有着俊俏面容的仿真机器人吸引了记者的目光，在与她的互动中，各类业务沟通起来基本毫无障碍。建设银行相关负责人介绍，仿真机器人是依托人工智能技术，搭建银行网点高频知识库和专业知识库，通过仿生控制系统智能化匹配交流场景。

**图4-7 观众在体验远程互动娱乐终端**

图4－8　观众在体验模拟汽车驾驶模拟器

图4－9　观众在体验仿真人工智能机器人服务

　　营造未来感十足的社交场景，建设银行竟是想打造"网红打卡"胜地。"'5G＋智能银行'就像一辆车，外观很酷，内饰很强，是一个未来金融科技的体验馆。以前来北京旅游，必须吃烤鸭、爬长城，以后是吃烤鸭、爬长城、逛智能银行。希望把'5G＋智能银行'打造成北京旅游的新景点，为北京增添现代化元素。"建设银行负责人表示。他也提到，"5G＋智能银行"可以作为免费的科普基地，对大中小学生全面开放。现在的青年人对科技和未来都非常感兴趣，通过参观"5G＋智能银行"，能够亲身感受智能科技及5G的新科技创新发展。

**2. 打破场景空间**

速度带来的"场景革命"在4G应用中得到了淋漓尽致的发挥，源于速度，却不限于速度，4G技术及其催生的服务，在过去几年中已经深刻改变了人们的生活，而5G无疑将为未来带来新的更广阔的想象空间。

为了体验5G高速度，在建设银行北京某支行，记者用5G信号体验了远程"一对一"专家服务，视频无延时，与传统网点面对面服务几乎无差异。"5G技术支持了金融业务远程服务，扩大了客户自助业务范围。"建设银行相关业务负责人介绍，"智慧柜员机、金融太空舱、智能家居、共享空间、客户成长互动、安防监控等新的应用场景，均通过5G实现了远程交互传输。"

"5G＋智能银行"的技术基础正是5G科技。5G的发展使数据带宽呈几何级数增长，实时数据的传输比以往任何时期都更加便捷和迅速。据了解，2019年3月，建设银行与中国移动签署5G联合创新合作备忘录，积极探索5G创新下的场景融合。双方强强联合，充分发挥5G技术超高速率、超低时延、海量连接的特点，为"5G＋智能银行"构建"生产网＋互联网"的双5G服务网络，既满足了安防、远程协作、高清播放等业务需求，又满足了用户的5G上网体验。

**3. 上线近300项功能**

被赋能众多高科技因子的5G银行又能给用户带来哪些便捷体验？为了让用户体验专属化服务，同时又能保证安全、高效，建设银行创新一类"快闪银行"，名为"金融太空舱"的多模态、沉浸式、智能交互"胶囊式"空间设备。

据建设银行项目负责人介绍，"金融太空舱"将计算机视觉技术、智能语音、机器学习等多种人工智能技术相融合，客户在这里能够体验龙财富、信用卡、投资理财等业务。这一设备在将来是微型、可移动的"快闪银行"，哪里有需求，就可以将银行开到哪里，使金融服务触手可及。

**图 4 – 10 观众在体验"金融太空舱"**

近年来，在建设银行网点大量布放并被频繁使用的智慧柜员机，正是"5G＋智能银行"金融业务办理的核心。据建设银行相关业务负责人介绍，账户服务、个人贷款等对私业务，单位结算卡、对公预开户等对公业务，个人手机银行、网上银行签约业务，转账、汇款等支付结算业务及外汇业务等19大类、近300项功能都可以在智慧柜员机上快捷实现；业内首家将智能语音、刷脸、电子证件等技术融入客户自助业务流程，客户无须带卡，对着设备说话就可快捷办理转账业务；创新应用5G技术，实现云端低时延的远程专家服务，如果客户不会操作设备或需要业务咨询，都可以呼叫远程专家提供一对一服务。传统的存取款一体机可以提供刷脸存取款，刷脸查询、转账等金融服务。实物领取机可以提供自助回单及明细打印、照片打印、存折补登等服务。

记者发现，智慧柜员机、实物领取机均被布放在隐蔽的空间内，外置舱门经过特殊设计，客户接近时舱门会自动打开；进入舱内，摄像头、传感器等设备能够自动感应，会识别客户、锁定舱门，同时控制舱门雾化；若发生完成业务办理未退卡等情况，会及时提示客户。一系列感应均由物联网平台智能控制、精准协同，充分保证客户隐私。

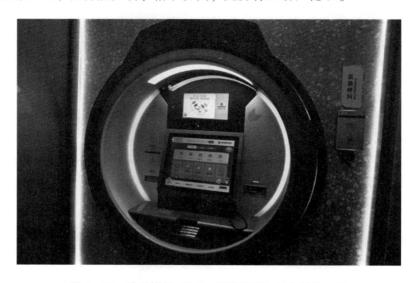

**图 4 – 11　建设银行"5G + 智能银行"的智慧柜员机**

此外，物联网平台还会实时采集数据信息，共享并反馈给客户。如物联网平台会采集推送网点的客流量，并根据现场信息动态调整灯光、空调、新风等，改善物理环境，让人感到温馨舒适的同时，实现绿色、节能和环保。

"'5G + 智能银行'提供了一个'共享社区'，实现了连接无感、服务无界、安防无忧。"正如建设银行项目负责人介绍的那样，网点设施及系统无缝连接，潜在需求渗透进客户全旅程，业务、娱乐、设备在 5G 及物联网技术应用下无感连接；在满足快捷金融服务的基础上，"5G + 智能银行"还提供了便民缴费、预约挂号、公积金等服务，凸显银行的社会服务属性；利用安保行为分析摄像机、热成像摄像机、客流统计摄像机等设备，运用人工智能技术进行行为分析，与后台实时协同，安保事件处置与服务流程融合，打造了业内首个全区域行为监控的网点智能安防体系，保障客户人身、财产安全，确保网点正常运营。

## 第五章

# 特色化

### 网点转型升级赋能之二：（实现千店多面）

越是民族的，越是世界的。

——文学家鲁迅

## 一、网点特色化是什么

引用罗曼·罗兰在《贝多芬传》中的一句话："世界被窒息了，打开窗子，让自由的气息进来吧。"当今银行金融产品、服务同质化严重，大部分银行的网点除配色不同之外，其余毫无区分力和记忆点。为打破僵局，网点特色化即是这个"窗子"，基于自身禀赋，通过你无我有、你有我优的思路进行网点差异化经营探索，这就是网点特色化，也是银行网点转型的理想状态。

## 二、网点特色化有何意义

如何吸引客户必须来你网点办业务？这需要靠特色化来实现。它背后的驱动力是网点交易职能被弱化了，网点不再是客户"必须去"的地方。

传统网点在相当长的一个时期几乎是银行业务的唯一承载终端，承担了包括交易处理、服务、产品销售在内的众多职责。然而，随着电子渠道的快速发展、金融业务交付模式的改变，网点在功能定位和提供模式上将被重新定义。

毫无疑问，网点未来承载的基础金融服务和交易功能将越来越少，而必须在网点才能完成的业务更是微乎其微。我们分析了过去 10 年由于监管政策、银行信息化和流程改造、电子渠道发展及业务创新对网点基础服务和交易功能的影响，网点承载的功能的不可替代性由过去的接近 100% 到目前不足 20%。过去主要制约业务无法脱离网点的主要因素是监管，而最近几年，监管机构对业务电子化的态度更多的是在风险可控的前提下鼓励银行进行尝试和创新，新技术的发展（如电子签名、身份认定、信息加密、电子交易安全）使过去很多无法实现的想法成为可能。

可以预见，未来网点在金融交易方面的不可替代性将快速消失，客户将拥有更多的选择，而网点作为银行最为昂贵的交易渠道，未来去功能化的趋势不可避免。去功能化不是指网点将取消交易功能的服务，而是为客户提供更多选择，并引导客户使用体验更好、成本更低的交易渠道，将网点更多的资源释放出来进行更有价值的工作。网点常见业务的当前替代程度和可替代性详见表5－1。

表5－1　网点常见业务的当前替代程度和可替代性

| 部分常见的银行基础业务 | 当前的替代程度 | 是否可替代 |
| --- | --- | --- |
| 开户 | ● 低 | ● 部分 |
| 一般存取款 | ● 高 | ● 是 |
| 大额存取款 | ● 低 | ● 部分 |
| 转账 | ● 高 | ● 是 |
| 外汇 | ● 中 | ● 是 |
| 代收费 | ● 高 | ● 是 |
| 理财产品购买 | ● 中 | ● 是 |
| 贷款和信用卡申请 | ● 高 | ● 是 |
| 签约服务 | ● 中 | ● 部分 |
| 挂失 | ● 高 | ● 是 |
| 账单查询 | ● 高 | ● 是 |
| 信息变更 | ● 高 | ● 是 |
| 证明（如存款证明） | ● 低 | ● 是 |

资料来源：德勤。

在网点的交易职能被弱化后，网点已不再是客户"必须去"的地方。银行开始思考如何在网点为客户提供更多的价值，吸引客户，使网点成为客户"想去"的地方。银行需要再次作出决策：面对客户360度的需求，包括金融和非金融的，银行网点到底应该如何定位，提供什么内容的服务才能吸引和保留客户，并且在成本和收益上做到平衡[①]。

---

① 德勤．Bank新时代，银行网点何去何从？中国银行网点渠道变革的五大趋势［R/OL］．维普网．

### 三、如何实现特色化

未来银行网点的"泛功能化"趋势已经不可逆转，银行网点之间的竞争越来越体现在谁能够为客户提供更有吸引力的体验，金融和非金融的边界变得越来越模糊。当前这种千篇一律的"柜台银行"式网点在未来将快速减少，而更多的银行网点将是有个性和有内容的客户服务和体验中心，主要通过以下四个方面完成网点特色转型，包括业务特色化、服务特色化、文化特色化和环境特色化。

### 四、业界探索案例

（一）业界探索案例之一：业务特色化之路——工商银行和建设银行的"汽车主题银行"

据 2019 年汽车行业相关报告，"90 后"开始取代"80 后"成为消费中坚力量。乘用车市场发展特点符合人口增长规律。2017 年，"80 后"用车人群占比为 48%，"90 后"异军突起，增速可观，预计到 2025 年，"90 后"购车人群占比超五成。由于"90 后"独特的消费观念，对新兴事物接受度高，汽车个性化、智能化、节能化是方向，汽车贷款将是主流选择。为此工商银行、建设银行均顺势推出"汽车主题银行"，吸引客户从"到店"到"逛店"过渡。

"汽车主题银行"能够为客户提供一切与车有关的金融服务，客户在办理银行业务的同时，可以到网点汽车专区体验线上线下选车、预约试驾、维修保养、汽车分期、购买保险等一条龙的特色服务；对公客户可以享有融资贷款、全渠道支付结算、多渠道复核账单管理、多渠道宣传、多方式营销的智慧平台等一系列获客、拓客服务。

（二）业界探索案例之二：服务特色化之路——建设银行的"个贷服务中心网点"

建设银行在某些网点打造个贷服务特色网点，该网点专注于做个人贷款业务。其不断丰富个人信贷产品，持续做大个人贷款业务规模，加快"快贷"、信用卡分期等多样化消费信贷业务，努力打造最优住房金融银行。

在个人贷款服务网点，该行组建了个人贷款业务受理、调查、审批、抵押、放款全流程的专业服务团队和一支"专业、专注"的客户经理队伍，业务处理速度大幅提高，客户满意度和依存度明显提升。

该行还自行开发了流程管理系统，客户可通过该系统随时查询和跟踪贷款办理进度，并对贷款客户集中进行贷款短信提醒，包括放款提醒、还款账户余额不足提醒、未足额扣款提醒、贷款到期提醒等，增强了客户办理业务的透明度和主动性，办理个人贷款更加放心、舒心、顺心！

（三）业界探索案例之三：文化特色化之路——交通银行梅州分行的客家文化特色网点①

梅州是国家历史文化名城，是我国汉族客家人最集中的聚居地，素有"世界客都"之称。客家民系深厚的文化积淀，独特的民俗风情，神奇的迁徙历史，被誉称为中华传统文化的"活化石""生活中的古典"，在我国民俗史上占有极高的历史地位，具有很高的研究价值。

笔者团队在交通银行梅州分行网点设计上，洞察到梅州厚重的客家文化底蕴，结合业务场景，全面提升品牌整体形象。特色文化的主题包装赢得了客户对网点形象的全新认知和亲切感。

---

① 交通银行广东省分行. 百佳薪火，文化相传  共筑梅州分行文化与服务之魂［EB/OL］. http：//www.sohu.com/a/224139898_683216. 此案例图片均来源于此。

## 1. 营造"客家记忆"品牌网点

为将客家精神充分运用于交通银行梅州分行经营发展全过程，在该网点的设计中，处处体现客家品牌特色。

屏风设计使用交通银行 logo 延展，融合独具特色的"客之家"文化，网点设计极具记忆点。通过极具美感的环境视觉设计，为客户营造愉悦体验。

图 5－1　巧用客家元素屏风隔断区域 1

图 5－2　巧用客家元素屏风隔断区域 2

图 5 – 3　巧用客家元素屏风隔断区域 3

图 5 – 4　巧用客家元素屏风隔断楼梯 4

在客家文化展示区中央展示客家特色民居建筑泥塑，将客家文化完美地映射在建筑上，环绕其展开的百年交行历史画卷，诉说着与"拼搏进取、责任立业、创新超越"的百年交行企业精神。"百年交行，千年客家"，两者交相辉映，共筑企业文化坚实堡垒。

图5-5　独具客家围屋特色的文化展示区

厅堂悬挂描述客家谚语和故事的版画，是客家人勤俭节约、"一分一厘都要存银行"的真实写照，体现金融是国之重器的地位。

**图5-6 客家人的故事鼓舞着交行人努力奋斗**

**2. 以文化引领服务，以服务推动发展**

交通银行梅州分行积极吸取客家千年文化中艰苦奋斗、顽强拼搏、勇于开拓、不断进取的精神。思想上，将"开拓进取、诚实守信、热情好客、服务周到"作为交通银行梅州分行服务文化内涵。环境上，客家品牌特色网点传递交通银行的品牌影响力和文化新风貌，潜移默化塑造网点人员服务意识，为客户带来更贴心的服务体验。

（四）业界探索案例之四：环境特色化之路——招商银行的"咖啡网点"①

咖啡和银行，本毫无关联。但招商银行意识到，某国外品牌"咖啡陪你"（Caffebene）的消费者与自己的客户有着较高的重叠性：20岁至40岁、年轻且有一定经济实力的白领。于是，该行果断与"咖啡陪你"开展合作。招商银行与品牌"咖啡陪你"（Caffebene）设想出这样一张效果图：在咖啡陪你的连锁店里，放置着招商银行的自动存取款机，旁边是招商银行金葵花理财室，理财室中摆放着电脑，理财室外布有最新的可视柜台，一片透明珠帘将这个微型银行与欧式风格的咖啡馆分隔开来。在招商银行咖啡银行，客户在可视柜台可办理存取款及其他一般业务，这省去了在银行网点选择的局限性，以及取号、填单与排队的麻烦。更多的可视柜台，对招商银行来说意味着更多的存款。

银行员工的入驻，出售理财产品，还可以让那些没使用招商银行一卡通或信用卡的咖啡陪你消费者，成为新客户——喝咖啡的同时办理一张信用卡，买一些理财产品。而事实上，网点本身就具备吸纳新客户的潜质。

客户可以在咖啡银行网点轻松、舒适、愉悦的环境里，办理银行业务，也可以和银行工作人员像朋友一样边喝咖啡、边聊财富的保值和增值，这让银行的服务更加亲切和人性化。

---

① 肖可，朱宝．招商银行开进咖啡馆［EB/OL］．http：//finance. sina. com. cn/leadership/mroll/20140327/145418633463. shtml．

第六章

# 轻型化
## 网点转型升级赋能之三

决定不做什么跟决定做什么同样重要。

——苹果公司前CEO乔布斯

## 一、网点轻型化是什么

轻型网点通常是指相对传统的银行网点面积较小、智能化程度更高、运营成本较低、经营效能更高的特色金融机构。推进轻型网点建设是目前银行业加速网点转型与提升网点竞争力的主要着力方向。

## 二、网点轻型化有何意义

成本高企是物理网点的最大痛点，也是网点消亡论的最大理由。前段时间，麦肯锡发布了一个研究报告揭示：中国银行业的整个成本收入比只有30%左右，但是零售银行业务单列的成本收入比可能达到60%～80%，甚至80%以上。大家都知道零售银行业务是一个大投入、高成本、见效慢的业务单元，这个大投入、高成本主要就是物理网点的投入和网点运营的成本，既包括租赁成本、建设成本、装修成本、设备成本，也包括由此衍生出来的人力成本、管理成本、运营成本等，甚至还包括合规成本。

另外，银行利润的压力对网点的投资回报及经营效率提出了更高的要求，倒逼银行向着轻型化变革，以更好地节约成本和整合人力资源。

轻型网点的特点是网点布局"小而轻"，网点功能"全而精"。

一是面积小。轻型网点面积差异化，向面积相对小、成本低的方向发展，例如，某银行支行压降网点面积至191平方米，减少在非核心客户群的资源投入，节约成本。

二是运营轻。轻型化网点用机器释放人工，通过机具设备和流程优化，压缩高柜或无高柜模式，最大限度地释放劳动力充实营销力量，提升网点的运营效率。

三是功能全。轻型网点功能全面并持续加载新功能服务零售及对公客户。通过智能设备可完成现金业务、开户销户、转账、缴费、制卡、账单等绝大部分银行业务。

四是定位精。重点服务特定客户群体和特定区域。在地理位置的选择上应更加接近客户，更加具有客户基础，以满足服务区域内居民和中小企业的个性化需要为目的，抢占客户的最近一公里。以"小、精、活"的轻型特点，精耕本地市场，逐步形成"小而美"的竞争优势。

## 三、如何实现网点轻型化

### (一) 硬件轻型化：网点模块化建设，自由组合

网点模块化建设，是指在网点设计建设中，对一定范围内的不同功能或相同功能不同性能、不同规格的产品进行功能分析的基础上，划分并设计出一系列功能模块，通过模块的选择和组合可以构成不同的产品组件，以满足网点多样空间的不同需求。

模块化设计是网点轻型化建设的方法之一，是在传统网点千店一面标准化设计的基础上发展起来的一种新的设计思想，将特色、实用、环保等设计思想与模块化设计方法结合起来，可以同时满足网点建设的功能属性和环境属性，一方面，可以缩短网点各类组件（包括装修、家具、设备、软装等）产品研发与制造周期，增加产品系列，提高产品质量，快速应对市场变化；另一方面，可以减少或消除对环境的不利影响，方便循环使用、升级迭代、维修维护和产品废弃后的拆卸、回收和处理。

网点模块化建设，可以提升网点工作效率和成本控制。设计和组件的重用，并行的产品开发和测试可以大大缩短设计周期；利用已有成熟模块可大大缩短采购周期、物流周期和生产制造周期，从而加快网点建设时间；如果划分模块时考虑到售后服务的特定需求，同样可以缩短服务周期和耗费资源时间。模块和知识的重用可以大大降低设计成本；采用成熟的经过验证的模块，可以提高采购批量，降低采购和物流成本；

采用成熟的经过生产验证的模块，可以大大减少由于新产品的投产对生产系统调整的频率，使新产品更容易生产制造，可以降低生产制造成本；产品平台中及平台之间存在大量的互换模块，可以降低售后服务成本。

一方面，产品模块要求通用程度高，相对于产品的非模块部分生产批量大，对降低成本和减少各种投入较为有利。另一方面，又要求模块适应产品的不同功能、性能、形态等多变的因素，因此对模块的柔性化要求就大大提高了。对于生产来说，尽可能减少模块的种类，达到一物多用的目的。对于产品的使用来说，往往又希望扩大模块的种类，从而更多地增加品种。针对这一矛盾，设计时必须从产品系统的整体出发，对产品功能、性能、成本诸方面的问题进行全面综合分析，合理确定模块的划分。产品模块化设计按照自顶向下研究分类，包括系统级模块、产品级模块、部件级模块、零件级模块；再按照功能及加工和组合要求研究分类，包括基本模块、通用模块、专用模块；然后按照接口组合要求研究分类，包括内部接口模块、外部接口模块。

如何使产品的模块化设计满足不同网点的多样化建设需求，应当引起银行渠道建设、基建装修、家具软装、设备器材、采购审计等各部门管理者、产品开发人员的高度重视。银行一方面必须利用产品的批量化、标准化和通用化来缩短设计生产周期、降低产品成本、提高产品质量；另一方面还要不断地进行产品创新使产品及组合越来越个性化，满足客户的定制需求。这样，如何平衡产品的标准化、通用化与定制化、柔性化之间的矛盾，成为模块化设计建设的关键。

网点轻型化设计建设，应该顺应设计的未来趋势，迈向绿色环保的设计时代。从某些角度看，网点的设计不能仅仅作为是一种实用功能的表现。成功的设计来自设计师对用户深层次需求的精准洞察，对社会公益、环境问题的高度重视，并在设计过程中运用设计师和相关组织的经验、知识、艺术天赋进行创造性传达。未来网点的轻型化设计应该大致有以下四种设计主题和趋势：

一是使用天然的材料，以"未经加工的"形式在家具产品、建筑材料和织物中得到体现和运用。

二是简洁的风格，实用且节能。强调使用材料的经济性，摒弃无用的功能和纯装饰的样式，创造形象生动的造型。

三是精心融入"高科技"因素，使用户感到产品是便捷的、可亲的、温暖的。

四是多种用途的灵动设计，通过变化可以增加乐趣，避免因厌烦而替换需求；它能够升级、更新，通过尽可能少地使用其他材料来延长寿命；使用附加智能或可拆卸组件。

(二) 运营轻型化：打造快速方便的自助服务，优化人员

罗振宇 (《罗辑思维》主讲人和得到 App 创始人) 说世界有两种生意：一是帮别人节省时间越多，你的价值越大；二是别人在你身上花的时间越多，你的价值越大。

运营轻型化，首先体现在打造更加快捷的自助服务方式。在软件层面，要整合并重构银行业务处理流程，充分利用"客户自助 + 创新"的业务流程和后台专业审核模式。这相比基于柜台人工受理模式速度提升数倍。运营轻型化，同时意味着网点组织管理要变得更加轻量。当前，线下网点服务大多包括运营柜员、服务经理、理财经理等专业岗位，内部岗位的专业化分工与客户服务的多样化需求形成了供需不等的错配，同时造成网点人员分布不均、专业人员不足的结构性失衡。为此，要打破传统运营岗位组织，推动全员资质化管理，充分共享网点人力资源池，实现岗位互通、一体服务的轻型化网点服务组织模式。

"他山之石，可以攻玉。"让我们看看一家国外银行是如何轻型化

的。[①] Addiko 银行[②]在阿尔卑斯山亚得里亚海地区拥有许多跨境业务，业务范围覆盖斯洛文尼亚、克罗地亚、波斯尼亚和黑塞哥维那、塞尔维亚和黑山。Addiko 银行通过轻型化服务为客户提供高效便捷的服务，在单点做到极致，从而脱颖而出。Addiko 银行董事会主席 Ulrich Kissing 表示："我们承诺，将会直接、快速、高效地为客户服务，以维系客户对我们的信心和忠诚。实用性是我们这个新品牌的核心，通过信息技术和电子渠道，我们能更好地为客户提供服务，并在竞争中脱颖而出。"

快速而方便，是智能化、自动化业务吸引客户的关键。网点智能化机具的应用不在于技术多么先进、视觉有多么炫酷，而是如何正确有效地缩短客户办理业务的时间，提升客户的体验。这也是 Addiko 银行力图向客户灌输的"简洁、实用"的流程和服务，以满足客户"简单思维"的实际需求。

银行网点轻型化并不仅仅是简单地做减法而已，而是要对本行目标客户群精准识别和细分的前提下，全面精简银行业务，去冗存精，达到对客户的高效服务和维系。

Addiko 银行网点轻型化转型，首先体现在业务战略上，即将火力集中于零售业务和中小企业，积极探索轻资产的业务体系，力争建构一个资本消耗少、风险权重低、风险可控的业务体系，加强对中小微金融、个人金融等轻型业务的产品开发和客户掌控能力，根据客户需求提供主动式服务。

另外，在业务设置上，Addiko 银行并没有因为网点的物理面积减小而削减可办理的业务类型，也避免了国内社区支行因业务类型单一而客流不足的尴尬。

某大学研究团队从市场分析、用户习惯、用户需求等方面进行了大

---

① 天驰融盛. Addiko Bank 新型网点如何打造未来银行服务体验？ ［EB/OL］http：// my. pegay. com/article – 5aa5e4515d454048588f3d98. shtml.

② Addiko 银行前身为 Hypo 银行，是一家奥地利银行集团，总部位于奥地利克拉根福。

量的调研，结果发现，客户选择银行服务时遇到的最大障碍之一是，当客户到达银行网点时，需要花费大量的时间在等待业务办理上，并且没有太多选择银行服务的自主权。因此，易于访问和独立自主地选择服务方式被认为是提升客户满意度的一个关键。

"虽然线上银行和移动银行已经成为标配，但是在办公室和家里通过这样的数字渠道使用银行服务时，客户通常不会得到任何的惊喜。而当所有人都拥有并且经常使用移动银行和物理网点时，我们还会额外提供这么一个更快速、公开、透明而简单的渠道给客户完成业务，并且不是让我们内部员工来进行操作，而是由客户自己全权掌控。"基于以上的研究结果，这个研究团队提出了这样的营销概念，以满足对业务透明、自由选择有需求的客户群体。开放式的空间设计同样体现了透明、效率的主要特征。

网点放置了一个可用于交互式收集信息的触摸屏，客户甚至可以不需要进入银行厅堂，就能快速地选择并完成贷款。而在网点内部，客户能完全拥有自己独立的空间，以完成必要的业务办理步骤。

当然，仍然会有一些客户是不信任自动化流程的，尤其是在金融服务领域。因此，在银行网点的入口设置一个信息咨询台，便于客户直接与 Addiko 银行咨询顾问进行沟通，但这些顾问的主要任务还是通知并协助客户独立地使用新技术。

## 四、业界探索案例

### （一）业界探索案例之一：民生银行社区银行探索

**1. 民生银行社区银行整体情况①**

虽然社区银行在当前的经营里碰到了新的挑战，有的甚至关门谢客了。但是，几家欢喜几家愁，那些找准定位的社区银行风景依然独好。例如，民生银行社区银行仍在持续探索中，其中不乏可圈可点之处。

"经过5年的探索实践和创新提升，小区金融的战略价值和市场潜力逐步显现。"民生银行有关负责人日前表示，该行实施小区金融战略5年来，大胆探索，勇于创新，走出了一条"布局多元、贴近用户、服务高效、风险可控、持续经营"的小区金融发展之路。

2013年7月，为扎实践行国家普惠金融战略，推进金融走进社区、服务百姓，民生银行率先布局小区金融，尝试在居住地、工作地、生活地、交通地等居民聚集的区域设立社区支行，开展金融服务与社区关怀，致力于解决传统金融服务渠道"最后一公里"覆盖不足的问题。

截至2018年末，民生银行社区网点达1504家，覆盖了全国101个城市，服务了200万家庭、600多万客户，管理客户资产突破2500亿元，小区金融已经成为该行推进改革转型、建设特色银行的一个重要板块。

作为国内小区金融的开创者、引领者，民生银行推进小区金融5年来，积极适应经济环境、市场环境变化，针对不同区域、不同人群的需求，及时优化布局，大力创新提升，搭建了涵盖组织架构、产品架构、制度建设、风险管控等方面的小区金融经营管理体系，小区金融经营模式趋于成熟，加快向理性经营、精细化管理转型。

---

① 常晓旭．五年探索实践　民生银行小区金融向精细化转型［EB/OL］．http：//www. sohu. com/a/290506431_100036900.

与传统银行"开门迎客，坐等客户上门"的服务模式不同，民生银行小区金融以"便民、利民、惠民"为宗旨，扎根社区，贴近居民，主动服务，逐步融入居民生活，成为社区里的"居住好邻居、生活好朋友、财富好管家"。

5年来，民生银行小区金融始终坚持"服务有温度"的理念，聚焦社区居民的多样化需求，探索形成了独具特色的小区金融服务模式。

一是错峰经营：推行"您下班、我上班"的弹性服务模式，最大限度地为居民的经济、金融生活提供便利。

二是优化体验：根据不同区域居民的行为特征及日常偏好，配置智能设备、设计网点软装，实现与居民生活场景融合，营造亲近、和谐的服务体验与氛围。

三是突出特色：结合地区特色，为不同类型客户持续提供便民、利民、惠民的金融及非金融服务，真正融入社区生活，成为居民们的"好帮手""好邻居"。

5年前，民生银行开行业之先，在许多社区设立金融网点时，有的居民还驻足观望、将信将疑；5年来，民生银行持续推进，做深做透小区金融，以特色化的金融产品和专业贴心的金融服务赢得了良好的口碑和声誉。

近年来，在民生银行小区金融的引领带动下，"俯下身子做服务，贴近百姓做金融"逐渐成为行业共识，越来越多的商业银行下沉网点和服务，及时把便捷的金融服务送进社区，更好地满足了人民群众对美好生活的多样性需求。

"当前，广大居民的收入水平、消费习惯、财富保值增值需求等发生了显著变化，小区金融也要与时俱进，持续创新。"民生银行有关负责人表示，随着该行线下渠道体系从"资源＋产品"驱动向"体验＋服务"驱动发展，客户体验升级将成为小区金融发展的核心。

该负责人表示，民生银行将全面优化客户体验触点，全心融入"社区生活"，着力打造"社区＋社群"的升级版社区银行，不断强化品牌建设、搭建专属产品体系、提升网点人员专业能力，从而更好地服务广大社区居民。

**2. 民生银行社区银行一个微案例：民生银行广州某支行**①

伴随着环境的不断变化，民生银行社区银行的范式也在不断发生变化。例如，笔者团队负责设计建设的民生银行广州某支行，其各种设计凸显轻型化的特点。

（1）厅堂摆放自由组合。在该网点，厅堂摆放的自由组合沙发，可供客户休闲等候，也可用于举办沙龙活动，使小空间有大利用。整体空间明亮，功能齐全，理财、存款、保险、转账等完整金融业务在此就能轻松完成。

图 6-1　民生银行广州某支行内景一

---

① 此部分图片均来自盛堂数学科技有限公司。

**图 6 – 2　民生银行广州某支行内景二**

（2）按照客户动线，可以随需要对网点布局进行调整。在该网点的设计中，以提高客户体验为出发点，注重对网点物理营销氛围的营造。根据客户在营业厅内的走动线路（客户动线）进行设计，对网点营销服务区域进行调整优化和氛围营造。根据需要，可以随时调整功能分区设置，使网点布局趋于合理，客户动线趋于流畅。

图 6 - 3　民生银行广州某支行内景三

图 6 - 4　民生银行广州某支行内景四

图6-5　民生银行广州某支行内景五

（二）业界探索案例之二：平安银行绍兴某支行的网点轻型探索①

2018年3月，平安银行绍兴某支行盛大开业。该网点融入了平安银行"零售门店"概念，以自助服务为特色，构建以"智能化+O2O+客户体验"为核心的服务体系，旨在打造"更懂你"的未来轻型式银行。

**1. 智能化，打造轻型化服务的基础**

平安银行绍兴某支行是平安银行杭州分行新设首个智能化轻型门店。该门店通过引进各种智能化设备和工具，利用金融+科技的手段，打造线上线下融合的无边际服务，有效延伸了服务的时间和空间。

---

① 世界浙商网讯．"智能赢得未来"——平安银行绍兴柯桥支行盛大开业［EB/OL］．ht-tp：//www. wzs. org. cn/lsh/201803/t20180329_283796. shtml. 此部分图片都来源于此。

图6-6　平安银行绍兴某支行内景一

　　新门店内充分体现了轻型化的特点。它设有自助服务区，布置了FB自助设备、大额存取款机、CTM等设备，自助服务功能完善。这些设备可以支持7大类30余种银行业务的自助办理，如开户业务、信用卡业务、投资理财业务等，网点90%的业务均可以通过在自助业务办理区快速完成，实现即来即办无须排队等待。

　　此外，客户在该支行还能通过平安银行构建的智能服务系统，享受到大数据个性化定制金融服务。客户可随时随地通过口袋银行App、微信公众号、网银等多途径完成业务预约、填单等事项，系统即会根据个人基本需求、风险偏好评估数据，与内置的平安智能数据库结合，进行深度需求分析及智能服务推荐匹配，将个性化、定制化的解决方案同步至网点。

　　当客户步入新门店时，银行工作人员可立即从数据库调取客户预约时提交的资料和定制化解决方案，帮助客户快速完成业务办理。

**2. "轻门店",提升客户门店体验**

为营造轻松舒适的气氛,平安银行绍兴某支行新门店在设计风格、厅堂布局和动线管理上进行了精心设计。新门店以简约、明快为主格调,打造了整洁舒适又相对私密的业务办理空间。

图6-7 平安银行绍兴某支行内景二

与传统网点不一样,该支行的现金窗口、排排坐式的等候区被设计到了隐蔽处,取而代之的是柔软的沙发、随手可取阅的书档、即时可享的咖啡吧。网点内全面覆盖高效安全的 WiFi 网络,可尽享金融级网络安全,无惧黑客入侵。更值得一提的是,通过快速对家具进行移动拼接,银行还能很快切换为沙龙模式、会议模式、影院模式等,以满足不同活动场景的需求。

服务上,现金窗口也不再是该支行服务的"主战场","从柜台走出来"成为门店的一大特色。该支行的柜员主动走出柜台,提升技能,在柜台外为客户提供一对一、面对面、一站式的服务,客户在新门店自助办理业务时，可以随时咨询陪同在身边的服务人员，不会因不熟悉银行系统而不知所措。

作为平安集团旗下的一家银行，平安银行绍兴某支行还设有"综合金融服务区"。该服务区有效承载了平安集团综合金融业务，为平安车险、证券等其他金融服务提供了"入口"。有综合金融需求的客户可在此与专业综合金融团队经理商讨适合自己的金融解决方案，并进行产品咨询或购买。

**图6-8　平安银行绍兴某支行内景三**

为了真正营造零售银行概念，该支行新门店将轻型化发挥到极致，设计了可变的厅堂空间，周末和晚上都可以腾出来做各种活动，为客户和周边社区居民提供丰富的金融生活服务。通过在空间、家具等各方面嵌入智能化、人性化的配套设备，可给客户带来不一样的银行门店体验。

该支行有关负责人介绍说，支行在设计上体现诸多轻型化及智能化等转型元素，反映了当前金融产业零售大转型的方向。该支行也将充分运用科技优势、服务优势、技能优势，以"一个客户、一个账户、多个产品、一站式综合金融服务"为目标，将网点真正打造成一个"全产品、共享式"智能化金融服务门店。

# 第七章

# 人本化

## 网点转型升级赋能之四

　　人与人的生活方式千差万别，表达感恩的方式也是多种多样。但我认为，作出一件绝妙的东西，才是向这个世界表达感恩的最最深刻的方式。你没见过那些人（客户），没跟他们握过手，你没听过他们的故事，也没跟他们讲过自己的经历。但就是通过你倾注心血作出的这样一件东西，你传达给了他们一些东西。这是向其他人表达我们感激的最深刻的方式。我们需要真诚地面对自我，永远记住对自己最重要的东西是什么。苹果之所以是苹果，我们之所以是我们，正在于此。

——苹果公司前CEO乔布斯

## 一、人本化是什么

商业银行的智慧化转型中不能忘记自己是金融服务业这个本质，转型中依然甚至是更加需要人性化。任何时候，金融更需要人性化的微笑服务作为辅助。亚马逊创始人兼 CEO 杰夫·贝佐斯（Jeff Bezos）经常在公司最重要的会议上留下一把空椅子，目的在于提醒决策层和管理层，消费者作为最重要的人一直坐在会议室中，但是没有发言。贝佐斯空置椅子的做法，即自顶而下的人本化经营理念。它能突破自身视野的限制，永远以客户为中心，永远专注客户在关心什么。那么为什么需要关注用户？这涉及企业的本质是什么。

## 二、人本化有何意义

当今，尽管新业态、新品种不断推陈出新，但商业始终要回归到原点——企业的本质是什么？管理大师德鲁克认为，企业应该从人的角度来认识企业，企业是社会的器官，市场是由人而非各种经济力量创造的，因此应该从人，即客户的角度去感知和界定企业应该提供什么样的商品与服务。

客户是企业生存的基础。创造客户必须先考虑如何满足客户的需求、如何认知客户考虑的价值所在，更重要的是究竟如何创造客户的需求。企业只有赢得了客户，才能真正拥有市场。

以商业银行网点转型为例，无论科技多么发达，网点智能化转型，依然需要人的支持，先不说后台技术的复杂性，单单就是人机互动过程中如何使用、办理、选择、输入等都需要专门的人去辅助，毕竟银行面对的客户是千差万别的，不仅有年轻人，也有老人或者农民，很多人连最基本的智能手机都没用过，谈何人机互动，这个时候就需要旁边的工作人员耐心地服务，一步一步为这些人群讲解或者辅助他们完成业务。

这是网点转型人本化的重要意义。

## （一）以人为本，注重体验是银行网点发展的必然要求

近年来，伴随利率市场化、对公不良信贷激增和互联网金融的崛起，零售银行正在全面迈入由全渠道银行、智能投顾、区块链、大数据和物联网为基础的数字化银行，即进入零售银行4.0时代。传统银行网点的功能遭到进一步削弱或转型，竞争的核心逐渐转向如何满足客户便捷性、多样性和差异性需求，提高用户体验（见图7-1）。①

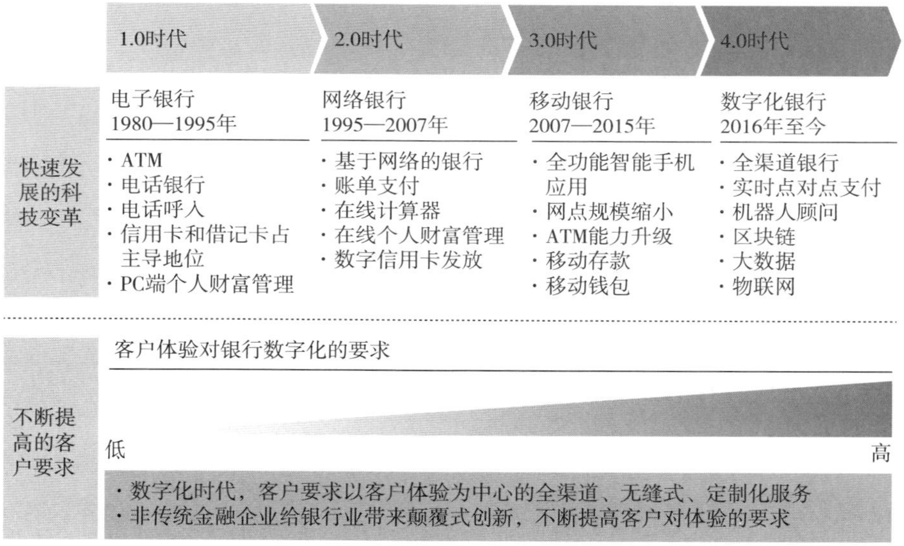

| 1.0时代 | 2.0时代 | 3.0时代 | 4.0时代 |
|---|---|---|---|
| 电子银行<br>1980—1995年 | 网络银行<br>1995—2007年 | 移动银行<br>2007—2015年 | 数字化银行<br>2016年至今 |
| · ATM<br>· 电话银行<br>· 电话呼入<br>· 信用卡和借记卡占主导地位<br>· PC端个人财富管理 | · 基于网络的银行<br>· 账单支付<br>· 在线计算器<br>· 在线个人财富管理<br>· 数字信用卡发放 | · 全功能智能手机应用<br>· 网点规模缩小<br>· ATM能力升级<br>· 移动存款<br>· 移动钱包 | · 全渠道银行<br>· 实时点对点支付<br>· 机器人顾问<br>· 区块链<br>· 大数据<br>· 物联网 |

快速发展的科技变革

不断提高的客户要求

客户体验对银行数字化的要求

低　　　　　　　　　　　　　　　　　　　　　　　　　高

· 数字化时代，客户要求以客户体验为中心的全渠道、无缝式、定制化服务
· 非传统金融企业给银行业带来颠覆式创新，不断提高客户对体验的要求

**图7-1　银行迈入4.0时代，新机遇、新模式、新挑战**

基于客户而不是产品的服务，不仅能设计出更好的服务，让客户有更好的体验，还能帮助银行抛弃顽固、传统的产品和技术。这在充满变化的时代非常重要。

---

① 资料来源：麦肯锡于2017年发布的《集约化、智能化、跨越式发展零售银行之路》报告，图片也来源于此。

伴随着这些变化，商业银行网点转型更要关注客户的以下体验：

第一，关注客户的感官体验，推进网点建设。感官体验就是通过眼、耳、鼻、口、手五大感官给消费者带来的视觉、听觉、嗅觉、味觉和触觉上的体验和感受。

第二，关注客户的思维体验，强化产品创新。思维体验是以创意的方式引起客户的惊奇和兴趣，为客户创造。

第三，关注客户的情感体验，提升服务理念。情感体验是用感性带动心理的体验活动，能触动情感的产品和服务。

## (二) 从银行业务运营的角度，线下网点天然适合提供个性化服务

当下互联网金融对传统银行网点的冲击是有的，但并不能完全替代网点。对于大多数的银行而言，在较长时期内网点仍将发挥重要的前沿阵地营销作用，是银行开展经营、强化客户体验的重要平台。同时，今后越来越多的客户不再满足于传统服务，而是追求高品质的个性化服务，这要求银行竞争从拼数量向拼便捷、拼体验等方面转变。从这个意义上讲，未来银行网点转型的关注点应该多放在如何提升客户体验，给客户提供更温暖的服务等领域，实现客户从"到店"到"逛店"的转变。

现在客户到网点办理业务的需求非常明确，因为目前银行的大部分业务在手机上也可办理，所以客户到网点办理的基本上都是手机上办不了的业务。客户到网点后，对银行来说是一个很好的营销机会，工作人员可以借机跟客户促进交流。如果客户到网点后只能面对机器人，银行就可能错过跟客户交流的机会。银行网点的形式并不重要，最重要的是客户体验，包括提升为客户办理业务的效率、确保业务办理过程中的安全性和私密性，以及与客户的感情交流。金融科技的发展确实给银行带来了不少改变，但不能本末倒置，即为金融科技而金融科技，为转型而转型。

### 三、如何实现人本化

提到人本化，人们本能地会想起，某些零售业务做得较好的银行配备了便民服务、劳动者港湾、爱心座椅、女性停车位这些设施。但仅仅在现象层面重复意义不大，我们更希望往里挖一层，提取打造人本化银行的方法论。

一言以蔽之，从物境、情境、意境三个渐进的维度，打造出具有卓越客户体验的银行。

#### （一）物境（外在）：提供全方位一流的网点感官体验

感官体验，即视觉、听觉、嗅觉、味觉和触觉上的体验和感受。在网点设计上，需从最本质、最关键的感觉出发，关注客户的全方位感官体验，可称为传统银行网点创新的一大竞争优势。

一是视觉。人的第一感觉就是视觉，随着银行的创新与发展，网点视觉形象得到突破发展，变得更时尚活泼、丰富有趣。越来越多的银行在设计零售网点时开始致力于营造舒适而时尚的开放空间，所有的家具、灯、地砖、墙画、颜色，甚至大楼的整体外观都让网点看起来更像商业空间、社群中心。著名的日本彩虹银行巢鸭信用社志村分社的办公大楼，其活泼的彩虹色彩把银行呆板的氛围变得友好、充满生机与活力。

二是听觉。耳朵是最具利用空间的感觉器官，而听觉又是人的五官感受里最为敏感的，所以利用声音的作用同样可以影响人的感受进而影响行为。在网点的贵宾区或理财中心，银行积极营造一种"慢氛围"，通过舒缓凝神的背景音乐，让每一个来银行的贵宾客户都能放下压力，与态度从容、语气温婉的客户经理进行交流。在这样和谐的谈话氛围中，让客户经理与客户更舒适、自如地开展有关个人、工作乃至家庭层面的交流，便于安排适合的产品和服务。

三是嗅觉。嗅觉给人带来的感觉是独特的。据研究，嗅觉给人带来的印象记忆中保存的时间是最久的。气味能唤起人们深藏于记忆深处的情感。在高档酒店、奢侈品店、航空舱位、4S店、大型超市都成功地运用嗅觉营销来为客户打造独一无二的情感体验。

为人熟知的直销银行ING Direct基本上无实体网点。ING Direct是美国最大的网上银行，其商业模式与众不同。首先，它主要的盈利来源于利差收入，而不是主流的非利差收入；其次，它采取的是"高买低卖"的方式，即以高利息吸纳存款，而以低利息发放贷款。这就决定了它只能通过一种方式来获得利润，即规模。ING Direct创始人阿卡迪·库尔曼提出，ING Direct的商业模式就是做"银行业的沃尔玛"，以低廉的价格出售简单的"金融日用品"，通过低成本运营，获得薄利多销的规模收益。

ING Direct唯一的线下实体网点是以咖啡馆的形式运作的。就像星巴克所打造的"第三空间"一样，客户进入ING Direct的咖啡馆网点后，扑面而来的咖啡香味顿时就让那个客户倍感惬意。咖啡网点的店员都是"全能型选手"，既会做咖啡，又能处理银行业务兼产品销售。来到网点的客户，在尽情享受一杯香浓咖啡的同时就把银行的事情给办了。

四是味觉。味觉对人的唤起和潜意识影响同样不容忽视。例如，大多数人天生嗜甜，甜食能产生兴奋感。那是因为在远古时代，灵长类动物是以成熟的水果和坚果为食物来源，所以人类对甜味食物的反应尤其强烈且主动。现在不少银行都会准备一些糖果来招待客户，有时候遇上哪位女客户心情不好时，只要递上一块巧克力给她，吃完心情就会好了几分，沟通也更加顺畅。

五是触觉。触觉是最基本的感觉，触觉较视觉更加真实而细腻。通过触摸获得亲身体验，有利于刺激情感和驱动行为。很多银行的贵宾理财中心也会在触觉上精心营造：宽敞舒适的真皮沙发，厚实而又松软的全地毯铺设，银制的签字笔，一一散发着质感；空调温度控制在26摄氏度是人体感觉最舒适，这也有助于人的大脑产生积极的情绪。①

**（二）情境（流程）：从用户的眼睛看世界，实现全流程的客户体验改善**

银行思考客户体验往往只停留在一个或几个单独触点，即客户与企业的商业行为中某一个或几个部分产生的交互或接触（见图 7 – 2）。但这种关注方式有如盲人摸象，忽略了客户的端到端全流程的体验。只有跳出单一触点思维，从客户自身角度出发，沿整个客户旅程来审视客户体验，才能真正理解如何通过客户体验提升业绩。

个人接触点可能运行良好，但总体体验依旧较差

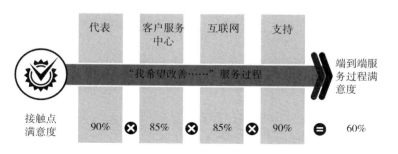

**图 7 – 2　关注客户端到端的流程体验**

资料来源：麦肯锡于 2018 年发布的《极致客户体验、银行未来竞争的护城河》报告。

客户旅程涵盖了客户在体验某项银行产品或服务之前、之中和之后的方方面面。例如，信用卡的"新客导入"就包括客户到银行柜台咨询理财经理（之前），在理财经理的帮助下开户（之中）和收到信用卡后

---

① 朱晓青. 银行服务设计与创新：运用设计思维重新定义银行转型［M］. 北京：电子工业出版社，2018.

开卡（之后）。不同客户旅程的周期长短和接触点数量都不尽相同。麦肯锡研究发现，为了有效提升客户满意度和产品销量，降低端到端服务成本和客户流失率，零售银行应在以下三个方面进行科学探究：

一是识别银行业客户的关键旅程：签约（新客开户流程）、设置服务（激活账户、开始使用新产品和服务）、添加产品和账户、在常规交易中使用产品和服务、接受和管理账单（包括账单支付）、更新和修改信息、解决账户问题，这七大关键旅程可促进客户满意度。

二是将各旅程按重要性排序：并非每个旅程对客户都同等重要。以上七大关键旅程对银行客户满意度的贡献为 11%～23%，其中贡献度最大的是使用产品和服务以及解决账户问题。

三是在选定旅程中全程为客户提供最优体验：旅程优化必须针对具体业务展开，如果是零售银行业务，则需关注从厅堂的排队等候到呼叫中心的投诉受理等主要旅程；面对公司客户，则应关注企业内部不同职能对银行业务的差异化需求，这些关键职能包括资金主管、财务总监、法务部、IT 经理、项目经理及业务代表。

（三）意境（内在）：将心注入，打造"有温度的银行"

李开复在《AI 未来》书中，提出人因为懂得爱，区别于人工智能。机器没有感情和自我意识，不懂得爱。因此，能让客户去银行办理业务，感受到服务的"高级感"，那种被呵护、被关爱的感受一定是通过银行人员感知到的。比如，某公司李总说，最为动容的是自己生日那天，某银行客户经理给他唱一首生日歌，不是职业的唱腔，甚至有点笨拙，但却唱到心里去了。对比其他银行廉价的 App 推送，李总那一刻心里发出Wow 的心声，从此即是那家银行的死忠粉。

如果这家银行全体员工都有这样的思维经营客户，那么客户进入这家银行任何一个网点办理业务或者咨询，都能得到一致的如沐春风般的体验，这即是意境。甚至 A 客户向 B 客户讲述时，会遇到"只可意会不可言传"的窘境，心里知道某个意思，但却无法通过语言表达出来，心理学把这叫作"舌尖时刻"，唯有说"你去了便知"。这便是当下最有效的推荐，具备神秘、未知，引发客户好奇心一探究竟，"以旧带新"让银行重新焕发生机。

如何让"以客户为中心"的文化深入人心？唯有一个企业通过组织考核、运营变革，改变工作方式才能切实提升客户体验。例如，某领先银行进行了"以客户为中心"的组织架构调整。该银行增设了客户体验执行副总裁职位，直接汇报给 CEO，并按业务和职能分设多个客户体验管理团队，专业化执行银行各业务、各项目上的客户体验管理。客户体验团队负责分析客户的真正需求，并据此进行旅程优化与前线变革（见图 7 -3）。①

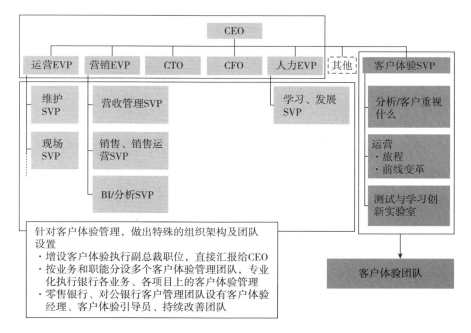

**图 7 -3　增设首席体验官，专注打造出色客户体验**

---

① 资料来源：麦肯锡于 2018 年发布的《极致客户体验、银行未来竞争的护城河》报告，图片也来源于此。

## 四、业界探索案例

（一）业界探索案例之一：招商银行3.0版本网点处处体现以人为本①

秉承"因您而变"经营理念的招商银行，最近推出让人耳目一新的3.0版本网点，处处体现人本化的设计理念，值得关注。

来到招商银行3.0网点，第一眼看到它的门楣，我们就发现了与众不同之处。3.0网点的门楣在招商银行红的背景上增加了白色点阵装饰，显得更加美观时尚。点阵的创意来自电脑芯片，寓意着招商银行拥抱金融科技的理念。招牌上的行名和行徽采用了立体字工艺，晚上7点，红色底色和白色行名会同时亮起，效果非常抢眼！

走进3.0网点，立刻就能感受到它的明快和通透。3.0网点围绕"科技＋生活"的理念建设，整合运用"点、线、面"等设计元素，给人简洁、时尚的感觉。

图7-4 招商银行3.0网点外景一

① 招商银行西安分行. 招行3.0网点来了 只为给您最好的体验［EB/OL］. https：//xian. qq. com/a/20180731/029380. htm. 此部分图片都来源于此。

图 7 – 5  招商银行 3.0 网点外景二

图 7 – 6  招商银行 3.0 网点内景一

一眼望去，整个厅堂显得格外整洁大方。白色基底带来开阔的视觉体验和科技感，木色家具融入生活气息。墙面的插座开关、地面的地板接缝统统删掉，凡是能看到的天、地、墙及布局和家具，都做了整合设计和细节创新。

来到自助交易区，就能看到两件全新设计的"特殊"家具——接待引导台和VTM柜台。之所以说它们特殊，是因为这两种家具都嵌入了业务设备。

**图7-7 招商银行3.0网点内景二**

设备与家具的整合是本次3.0项目最重要的创新成果，不仅提升了美观度，安装起来也是超级便利。家具成品只需24小时即可快速安装，而且还可以循环使用。也就是说，即便哪天网点搬家了，柜台也都可以拆走再利用。

图 7 - 8　招商银行 3.0 网点内景三

图 7 - 9　招商银行 3.0 网点内景四

金葵花区高端大气的背景墙采用无限镜像设计，让以往传统的视觉感一下子变得灵动起来。

3.0 网点在客户隐私保护方面可谓是下足了功夫：一是将传统联排的理财柜台设计成了小隔间，增加了私密性；二是金葵花区在所有的洽谈间都配备了雾化玻璃，没有客户的时候，玻璃呈透明状态，有客户的时候，玻璃就可以一键雾化，有效保护客户隐私。

为提升客户体验，3.0 网点还进行了许许多多细节优化。

在等候区的沙发旁增加茶几，方便客户放置水杯。

图 7 - 10　招商银行 3.0 网点内景五

提供手机充电服务，具有无线充功能的手机，放在小圆盘上就能充电。

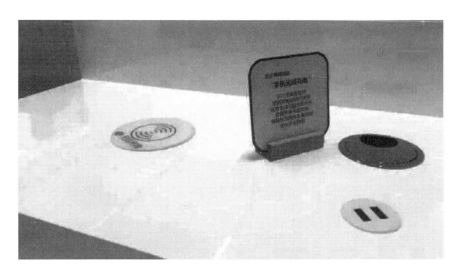

**图 7 - 11　招商银行 3.0 网点内景六**

统一标识标牌设计，引入美国著名陈列设计团队，打造与整个网点品牌形象一致的陈列解决方案。所有标识按类排列、礼品陈列整整齐齐。

**图 7 - 12　招商银行 3.0 网点内景七**

3.0 网点还首次引入了高端酒店常用的智慧灯光系统，能够模拟日光，根据不同时段、不同环境，差异性调节照明度和色温，营造出最适宜的用光感受。

除了视觉体验，还有你意想不到的嗅觉体验。3.0网点专门请来调香师，设计了一款名为"Sunshine"的香氛，用柑橘、薄荷、木香，打造专属于金葵花的气息。

照顾到了客户的细微感受，自己的员工也不能怠慢。3.0网点的办公区借鉴互联网公司的风格设计，采用敞开式集中办公。办公室引入了立体植物墙，可实现自动灌溉。美化空间的同时可以有效舒缓员工压力。

**图7－13　招商银行3.0网点内景八**

从办公区的通勤出口出来，还有一个惊喜在等你。这是3.0网点的一个全新探索——引入零售业的橱窗设计概念，用积木搭建日常金融生活场景，在临街的大面积橱窗里展示招商银行的金融服务与企业文化。简洁明亮的橱窗搭建好后，吸引了大批路人驻足围观。

图 7 − 14　招商银行 3.0 网点内景九

图 7 − 15　招商银行 3.0 网点内景十

（二）业界探索案例之二：农业银行佛山南海某支行人性化网点探索①

2018 年 5 月 11 日，农业银行佛山南海某支行营业部（以下简称支行营业部）迎来"中国银行业文明规范服务百佳示范单位"网点挂牌仪式，成为佛山金融行业唯一一家。

这一"百佳"网点的获得，历经了一年时间，经由广东省银行同业公会层层选拔推荐，中国银行业协会组织评比，全国仅选取 100 个示范网点，最终支行营业部从全国几十万家银行网点中脱颖而出，在 2017 年12 月 28 日被授予这一荣誉。

"这一'百佳示范单位'的获得，是中国银行业文明规范服务的最高荣誉，代表了中国银行业近 30 万家营业网点服务工作的最高水准。支行营业部是一家基层网点，也是农业银行系统的'老先进'，今天又在服务工作竞赛中脱颖而出，成功创建全国'百佳'，可谓是'喜上加喜，锦上添花'！"广东银行同业公会负责人在挂牌仪式上表示。

据了解，"百佳"网点的评选，要通过现场考核、客户体验、专家打分等多个流程，层层选拔，是中国银行业最高服务奖项。

作为一家财富舰型网点，笔者团队基于该营业部业务功能，分区清晰、布局合理，3000 余平方米的营业面积中，设有咨询引导区、客户等候区、现金服务区、非现金服务区、智能银行服务区、24 小时自助服务区、贵宾服务区、公众教育区等功能区块。同时，网点日常服务内容覆盖结算、存贷款、投融资国际业务等多个领域，业务品种涉及民生、企业需求。

由 39 名员工组成的营业部，拥有对公客户超 2000 户、个人客户近10 万户，人均创利超数百万元。2017 年 5 月 26 日，支行营业部各项存款

---

① 蓝志凌. 佛山唯一！农行南海大沥支行营业部正式挂牌成全国"百佳"网点［EB/OL］. http：//www.sohu.com/a/231305021_100116740. 此部分图片都来自盛堂数字科技有限公司。

余额成功突破百亿元大关，达到102.3亿元，成为南海区金融机构第一家存款超百亿元的营业网点。

"'百佳'创建不是终点，而是一个新的起点。"在挂牌仪式上，农业银行南海分行相关负责人表示南海分行将积极宣传支行营业部的服务经验，实现以点带面，推动全行服务向"百佳"标准看齐，不断加大金融服务实体经济力度，提升普惠金融水平，持之以恒擦亮农行服务的金字招牌，追求客户心中的"最佳"，作客户心中的"首选银行"！

跑赢全国几十万家网点，支行营业部如何获得"百佳"称号？其中人性化服务是根本！该行负责人介绍，支行营业部在2014年至2016年先后两次获评"千佳示范单位"的称号，此次是历经两年准备，一年磨砺，提炼了关注客户体验，"普惠金融  智创未来"的"百佳"创建理念。

作为支行营业部网点设计装修服务团队，笔者团队在对该营业部的升级改造中，从客户需求出发，注重人性化设计，同时为网点注入创新科技。

**1. 满足客户便捷需求，智能设备优化客户体验**

在网点改造中注入创新科技，积极开展网点智能化改造。随着大堂智能机器人、超级柜台、现金超柜、移动金融体验机、扫码打印机、智能茶几等多款智能化设备的投放，融合金融与科技，大幅提升业务办理效率，有效优化客户体验。

**2. 满足客户社交需求，传统文化丰富场景体验**

支行营业部内设龙舟展示区、南狮文化展示区、茶艺沙龙区、休闲书吧等，极大地丰富了客户在银行网点的服务体验。贵宾室"聚贤阁"空间设计融合庄重与优雅双重气质，长条茶台上摆放多款名茶，通过欣赏品茗各国好茶，感受缤纷茶文化，同时也为VIP客户提供了商务会议、以茶会友的场所。客户还可将自己的珍品在支行营业部特设的收藏馆内展示，分享藏品的魅力，在艺术中感悟生活。

图 7 – 16　支行营业部 "聚贤阁"

图 7 – 17　支行营业部龙舟南狮文化展示区

### 3. 满足客户教育需求，有效链接金融与教育

支行营业部更将网点服务充分延伸，肩负起普惠金融的大行担当。儿童财商教育基地承载着家长对子女的期许。以色彩三原色红黄蓝为设计元素，配合木饰装饰，营造简单活泼的空间氛围，在寓教于乐中传递

基本金融知识，培养正确的财富观，提高商学素养，实现银行服务与儿童教育的有机链接。在当地创立了"小小理财师"儿童财商学习班、"我来玩转社保卡"两个特色教育主题品牌，每年开展活动达30多场，到社区、厂企等上门服务激活社保卡活动多达200余场，获得客户广泛认可，发放社区社保卡近30万张。

**4. 满足客户特殊需求，定制完善无障碍服务**

支行营业部还关注特殊客户需求，在营业厅设立残疾人通道、爱心专座、业务弹性窗口等特色服务设施，定制完善的无障碍服务方案。

**图 7 - 18　支行营业部儿童财商教育基地**

经过改造设计装修后的支行营业部吸引了更多的客户，获得了各方的好评。该支行在年末向上级行交了一份满意的经营答卷。在服务"三农"方面，支行营业部近四年来发展优质农户94户，累计投放农户贷款3.2亿元；支持小微企业368家，累计投放信贷资金超50亿元。并以党建引领网点管理与经营发展，先后与周边12个村居、企事业单位结对共建；首创南海金融系统第一支义工服务队——"大爱沥量"义工队，多年参与金融知识宣讲、捐资助学、探访抗战老兵等公益活动，被区团委、区义工联授予了"志愿服务杰出团队"荣誉。

# 第八章

# 生态化

## 网点转型升级赋能之五

　　"如果说我们过去的梦想是希望建立一个一站式的在线生活平台，那么今天，我想把这个梦想往前推进一步，那就是一起打造一个没有疆界，开放共享的互联网新生态。

——腾讯集团董事长马化腾

## 一、生态化是什么

生态圈是行业价值链各环节参与者聚合成的广泛、动态的联盟。对于银行而言，生态圈的精髓是通过金融＋场景的方式服务客户端到端的金融相关需求。银行从客户潜在痛点出发，挖掘一系列解决客户痛点的场景和机会点，从而将金融产品全方位、无缝插入客户旅程端到端的相关场景中，满足客户全方位的需求。与传统的业务合作相比，它主要有五大特点：

一是价值链端到端覆盖：众多参与者覆盖价值链各环节，提供一体化解决方案。

二是整合入口：用户只需通过单一访问平台，就能获得丰富的产品与服务。

三是多元可变现场景：切入覆盖用户生命周期的多个金融可变现的场景。

四是不只是线上：生态圈的场景不仅存在线上，也广泛存在于线下。

五是以客户为中心：创造极致的客户体验，客户在各环节中无缝切换。

## 二、生态化有何意义

虽然互联网金融企业给银行带来巨大的冲击，但是我们要有清醒的认知，即银行具备互联网金融企业分外渴求的六大核心优势。

一是牌照优势：银行牌照的业务全面性是无可比拟的，其最核心的可开展业务包含公开吸储、对外放贷、同业业务等，涵盖面非常广。而互联网金融公司业务范围有限，如第三方支付公司，可以像银行一样经营支付结算业务，但无法使用客户的备付金进行投资或放贷；炙手可热的互联网小贷牌照虽然可以对外放贷，但却不能像银行一样公开吸储。

二是低成本资金：由于银行可以公开吸储以及同业拆借，其资金成本率非常低，在2%～3%。其中，大型银行的资金成本更低，如工商银行2017年的资金成本率只有1.57%。相比于银行，互联网公司的平均资金成本在7%～8%，极大地阻碍了它们业务发展的速度。

三是金融级风控：银行在风险控制模型的开发和实践上积累了其他企业无法企及的经验，具有成熟的风控系统与完善的审批流程，对风控的态度谨慎，风控评估结果可信度高。而互联网金融公司对风险的偏好较为激进，崇尚高风险高收益的价值取向。

四是多家线下网点：我国全银行业拥有超过20万个物理网点，遍布全国所有的省市。银行线下网点可辐射周边客户，尤其一些高端业务更适合线下推广。线下网点的成本远高于线上，大部分互联网金融公司不会致力于打造线下平台。

五是强大的地方政府关系：银行自身和依托其背后的股东，与地方政府形成了良好的合作关系，能够为生态圈平台在当地的战略落地提供有力的线下支持。

六是客户信任：研究显示在可能参与生态圈经济的企业中，银行和保险公司在"客户最信任名单"中名列前茅，客户对其的信任度是电信公司和零售商的好几倍。加拿大皇家银行的 CEO 戴夫·麦凯所曾说："信任和安全是最重要的资产，这些资产能帮助银行争取时间。"

立足于核心优势，实施生态圈战略。国外案例分析显示，成功转型的银行可能在2025年之前实现净资产收益率（ROE）从当下的8.6%左右回升到两位数。生态圈将为银行打开一扇机会之门。具体体现在为银行带来两大核心价值。

第一，核心价值一：海量数据、多元场景，保障客户的永续经营。生态圈能为银行带来多元的生态圈场景、海量的用户数据，帮助银行有更多的客户触点和更精准的用户数据分析，从而促进银行对于存量客户的激活和新客户的获取。激活存量客户：提升用户体验、黏性与钱包份额；获取新客户：提升获客能力、降低获客成本。

第二，核心价值二：价值链端到端数据打通，提升风险的经营能力。生态圈还可以帮助银行更好地经营风险，通过对端到端价值链数据的覆盖（如 B 端企业物流和供应链的流转数据或者 C 端消费者的消费行为数据等），银行可以获得更精准和海量的数据信息，从而训练风险模型以获得更精准和个性化的风险预测情报。

### 三、银行如何进行生态化的战略选择和推动实施

我们认为银行生态化的推动与执行需要按照"三步走"的方式进行。[①]

#### （一）第一步：从哪里切入？——优选生态圈行业与行业中的银行机会点

银行在筛选适合的生态圈行业时，应当梳理行业前景和自身能力，来选择进入的生态圈行业，分析框架包括两大维度。一是行业前景，从市场规模、增长前景、盈利水平等维度展开；二是银行自身能力，从现有客户集中度、行业专长、线上线下运营能力等维度展开。具体见图 8 - 1。

---

① 资料来源：麦肯锡于 2018 年发布的《时不我待、只争朝夕，中国银行业布局生态圈正当时》报告，此部分图片都来源于此。

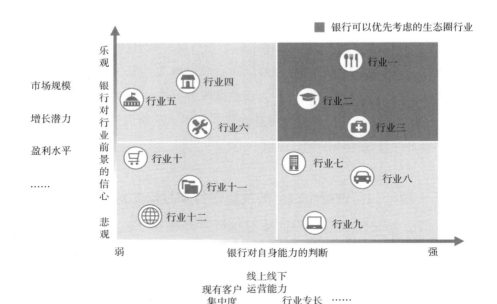

图8-1 参与生态圈的筛选方法：行业前景×银行能力

以下以新加坡星展银行（DBS）为例。

**1. 星展银行＋教育业**

星展银行［DBS，原名新加坡发展银行（Development Bank of Singapore），是新加坡最大的商业银行］总部位于新加坡，是亚洲领先的金融服务集团，业务遍及18个市场。DBS近年来着力在教育业内深耕，建立生态圈。DBS瞄准了中小学生在校内电子支付的市场，针对家长需要监控孩子日常支出、学生需要便捷日常消费、学校希望获得学生消费报告的三方痛点，于2016年8月开始试运行其"储蓄银行智能伙伴计划"（POSB Smart Buddy Program）（见图8-2），以智能手表为载体，为新加坡的小学建立内部支付体系。此种创新方式为家长、学生、学校三方生态圈参与者均提供了独特的价值，有极高前景维持客户黏性。同时，给予了DBS批量获客的平台，也累积了大量原本几乎无法收集的学生消费数据。

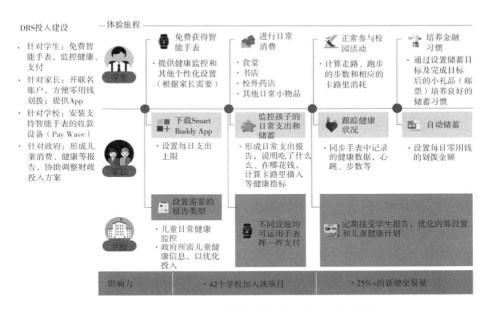

**图 8 - 2　DBS 的"储蓄银行智能伙伴计划"案例**

**2. 星展银行聚焦教育行业的理由**

（1）行业前景。首先，新加坡教育业发达，成果卓著。2015 年的国际学生能力评估计划（PISA）显示，在参加评估的 72 个国家中，新加坡在数学、科学、阅读三个类别中均排名第一，一方面反映了新加坡基础教育的优秀水平；另一方面，也体现了家长对教育的极度重视。新加坡政府 2017 年的教育支出达到 129 亿新加坡元，占其总预算的 17%。其次，新加坡政府计划依托其良好基础，将教育产业发展为其重要支柱产业，在 2020 年达到 GDP 的 5%。最后，显而易见，学生家长们是零售银行的核心客群，通过他们重视的子女教育切入，是获取或加深客户关系的很好手段；而中小学生是银行业 10 年以后的潜在客户，及早与他们建立接触可能大大增加未来他们成为客户的可能性。

（2）银行自身能力。首先，DBS 是新加坡第一大的零售银行和商业银行，较多的家长和学校已经是它们的银行客户，使它们首次推出 Smart Buddy 计划变得容易。其次，DBS 具备优秀的数字化能力，曾多次被评为

"亚洲最佳数字化银行"，使它们能够推出用户体验上佳的全新产品。最后，DBS 获取了政府的大力支持，令它们能快速地规模化推广此计划。

### （二）第二步：怎样切入？——选择打造生态圈的模式

目前我们在国内外看到的多家银行生态圈的探索主要有四种模式（见图8-3）。

各家银行应当如何确认何种模式更适合自身呢？我们建议围绕主导生态圈的意愿、银行的自身实力和对于合作方的约束力进行三重分析，可参考图8-4的思维路径图。

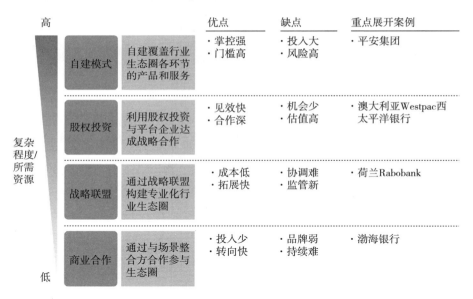

图 8-3　银行生态圈战略的四种模式

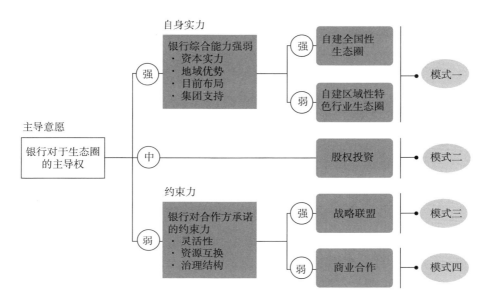

图 8 – 4　选择合作模式的方法

**1. 模式一：自建覆盖行业生态圈各环节的产品和服务**

流量入口、业务场景和金融服务等业务完全由银行自身或所属集团内部自建，仅在必须时通过控股型收购增强自建平台能力。

典型案例如平安集团。平安集团是最早明确提出"科技 + 金融"的集团生态圈战略的大型集团之一。其中，平安银行作为主要参与子公司，在其战略中指出：在"流量为王、生活切入、价值驱动"的指导思想下，持续围绕"医、食、住、行、玩"等需求，搭建互联网金融平台。

（1）平安集团自建生态圈模式核心特点：

①通过完全自建和控股型并购掌控流量入口和业务场景：平安集团控股收购汽车之家，获得了中国互联网汽车流量的 80%；此外平安好房和平安好医生等均由平安集团内部孵化建立。

②综合金融产品嵌入集团在各生态布局：平安银行为汽车之家打造支付系统，围绕平安车险和汽车的用户需求设计专属权益，车贷业务和融资租赁业务在客户引流和风险控制的深度合作等。

③C/B/G 联动的大包围客户覆盖模式：对公银行的行业事业部与零售银行的网络金融、信用卡、消费金融等事业部密切合作，全方位服务生态圈中的消费者、上下游企业和政府机构。

（2）平安集团自建生态圈战略的逻辑：

①"科技＋金融"总体战略的体现：平安集团是少数专门设立科技公司的金融集团，并且在人脸识别、指纹识别、云计算、区块链等基础技术取得了行业领先地位，可以有效支撑和孵化各类平台企业。自建模式一方面可以保证平安集团对于核心技术的掌控，另一方面可以从源头上保证技术和业务的充分融合。

②成为生态圈主导者的愿景：平安集团希望将自己建设成生态圈的主导者，尤其是对业务场景和流量入口有完全的掌控力，这一战略定位与多数互联网平台的定位一致。

③资本实力雄厚：平安集团拥有行业领先的金融业务，为集团创造稳定的现金流和可投资资本，能够承受庞大的业务开办支出和持续投入；同时平安集团具备强大的资本市场融资能力，可以在创新企业的发展全生命周期为其持续输血。

（3）平安集团自建生态圈的路径：

①小试牛刀：从 2011 年起，在互联网技术风起云涌之际，平安集团开始尝试新技术和新业务模式的孵化。从技术、资金和业务三管齐下，支持内部创新和创业，孵化了如陆金所、平安好车、平安游戏等互联网子公司，尝试布局消费流量入口。

②集中力量办大事：从 2013 年起，平安集团总结各创新企业的经验和能力沉淀，在集团层面成立了大数据运营中心，将互联网金融和相关底层技术的开发和应用资源集中起来，专攻核心技术的开发和应用。

③拥抱生态圈：自 2015 年以来，平安集团在战略协调层面建立了由集团高层领衔的 PMO 机制，统筹规划战略和协调资源，开展跨多个子公司的总对总合作；在具体项目层面，由子公司的业务部门对接推动项目

层面的合作，如平安银行信用卡部门和汽车之家联合发行车主金融信用卡、平安银行中小企业融资部和平安租赁联合开发银租通类融资产品等。

（4）该模式优缺点和对银行的启示：

自建生态圈模式可以保证对业务场景和产品的绝对控制和高度融合，而且一旦成功，会树立进入门槛，建立独特的竞争优势。但这种模式投入巨大，风险高，许多银行可能望而却步。

**2. 模式二：利用股权投资与平台企业达成战略合作**

通过股权投资、联营企业和兼并收购等方式，基于利益/风险共担原则建立银行和互联网平台公司的战略合作。

西太平洋银行（Westpac）是澳大利亚的第一家银行和第一家公司，在协助客户达成其财务目标方面，拥有192年的丰富经验。西太平洋银行作为澳大利亚的最大银行之一，拥有2800多台自动取款机（ATM）和近1200家分支行，遍布澳大利亚的主要城镇。在亚洲和澳大利亚，有专门的团队通晓不同文化、不同语言及当地市场，同时也提供多种语言服务，协助新移民和新企业满足其银行服务需求。

西太平洋银行成立独立运作的风投基金Reinventure，并与Stone & Chalk等领先孵化器合作，为Pre－A到A轮的金融科技企业提供财务和运营支持。

同时，西太平洋银行在多个业务板块与被投企业开展业务合作，打造行业生态圈。西太平洋银行在2014年3月、2016年8月和2018年5月分三轮共计向Reinventure提供了1.5亿美元资金，Reinventure至今已经投资了超过20家金融科技公司和业务场景公司，多家与西太平洋银行组成了战略性合作关系。

（1）西太平洋银行主打股权投资战略的核心特点：

①通过战略投资场景公司来增强在生态圈的布局：比如Nabo公司帮助居民建立真正的地域性在线社区，构建本地社区的社交媒体等，它助力西太平洋银行了解社区与社区之间的地区性差异，能够有针对性地推

出符合当地社区需求的金融产品；又比如 BrickX 公司开创了住宅房产众筹投资商业模式，OpenAgent 平台帮助卖房者寻找与比较房地产代理，这两家公司拓展了西太平洋银行在房地产领域的服务和获客渠道；再比如 Doshii 公司为成千上百的旅行和零售相关支付软件提供标准 API 接口，允许它们无缝链接到商户的 POS 系统；Heyyou 公司提供针对餐饮行业的支付 App，一方面减少了消费者的等待时间，另一方面帮助商户管理高峰期的工作量，同时提高双方满意度。这两家公司提升了餐饮行业客户对西太平洋银行支付体系的黏性。

②通过投资金融科技公司来提升银行产品与服务水平：比如 Data Republic 公司主营安全加密的企业级数据交换平台，它能够帮助西太平洋银行更好服务对于数据安全性极高的政府客户；又比如 HyperAnna 公司提供自然语义分析系统，帮助企业从海量数据中提炼战略洞察，它能够帮助西太平洋银行减少分析员花费在简单查询方面的工作量，将他们 70% 的工作时间解放出来处理附加值更高的业务。在这些能力提升的基础上，西太平洋银行开始拓展传统银行业务之外的服务，如开发了医院周转、CTP 欺诈、减少犯罪、资产回收和项目融资等用例，一方面开始为州政府提供洞见，协助其衡量支出与投资的效率及社会影响；另一方面能够协助公司客户改善数据访问，提高研发工作的效率等。

（2）西太平洋银行主打股权投资战略的原因：

①对业务场景掌控力期望强：占据优质的业务场景，能够在与拥有场景的金融科技公司的合作中贯彻执行战略意图。

②与银行整体业务协同性强：西太平洋银行是一家综合性银行，零售和对公业务都具备坚实的客户基础，同时其本身也存在金融能力升级的需求，因此可以从多方面与被投企业形成合力。

③资本雄厚，抗投资风险能力强：西太平洋银行集团是澳大利亚最大的银行之一，也是全球综合排名前二十的银行集团，资本实力雄厚。其将 8000 亿美元总资产中的 1 亿美元用于风险投资，不会对银行的稳健

经营造成影响。

（3）西太平洋银行投资模式的路径：

①试水投资模式：2014 年 3 月 Reinventure 从西太平洋银行募集了第一期基金，规模为 5000 万美元，主要目标是种子轮、A 轮和 B 轮股权投资。从 2014 年 3 月到 2016 年 6 月，陆续投资了大约 10 家创新科技企业，其中大部分仍在 Reinventure 的投资组合中，Nabo、DataRepublic、Heyyou 等已经成长为西太平洋银行的战略合作伙伴。

②增强投资模式：2016 年 8 月，第二期 5000 万美元基金成立，延续了第一期基金股权投资的风格，并且明确提出两类投资标的：第一类属于提升银行综合金融能力的"横向层"领域，如信用、安全、身份识别和数据；第二类属于与金融有天然结合的周边行业的场景公司，如健康、地产、零售、服务和农业。

③扩大投资范围：2018 年 5 月，西太平洋银行再次出资 5000 万美元，成立第三期基金，开始将投资目的地从澳大利亚拓展到整个亚太地区，并且允许开展股权投资形式以外的投资。

（4）该模式优缺点和对银行的启示：

①股权投资模式可以允许银行快速获取业务场景、与平台企业开展全方面合作，并且深度捆绑投资双方的利益和风险。但在这种模式下，大量资金追逐有限的优质标的，投资对价高，部分银行无法在有限的资本金中辟出专门的投资资金。此外，银行也需要在确定符合监管要求的投资架构和增强投后运营融合能力两个方面做专门的投入和部署。

②近几年，国内银行也逐步开始利用股权投资或者投贷联动等方式布局新兴互联网入口企业。如 2018 年 4 月 8 日，建设银行、中国银行、中信银行、兴业银行、浙商银行等联合以 6.8 亿元人民币投资汇桔网，布局在线知识产权领域，服务创新型中小企业；2017 年 3 月 10 日，浙商银行、招商银行等以 30 亿元人民币战略投资卖好车，增强各自在出行生态的布局；2016 年 2 月 1 日，高盛集团、招商银行等以 1.02 亿美元投资

波奇网，占据互联网宠物消费入口。

**3. 模式三：通过战略联盟构建行业专业化生态圈**

联盟成员之间交换独特资源（但不涉及交叉持股）构建深入合作（如数据交换、科技交换、客群共同经营等）。

荷兰农业合作银行（Rabobank Nederl – ands）是由荷兰数家农村信用社于1973年合并而成，是农民自己的合作银行，主要从事农业、农业机械、食品工业等行业的金融交易，是荷兰的第二大银行，在世界各大银行中居第31位。目前荷兰农业合作银行已在北京、上海等地设有办事处，在中国已经与浙江、天津两地的农村金融机构进行了合作。

Rabobank 构建了由荷兰 Rabobank 总行、106 家成员地方银行、世界各地的合作银行、研究机构和非政府组织组成的联盟。其立足荷兰，辐射全球农业和食品行业，覆盖农业价值链端到端各细分市场，为客户提供全方位服务（见图8 – 5）。

（1）Rabobank 牵头构建全球农业生态圈的核心特点：

①通过联盟构建农业生态圈：在荷兰，2016 年之前 Rabobank 都采用独特的总行和 106 家各地分行的联盟商业模式，2016 年通过兼并重组实现了更紧密的内部治理结构。在国际上，Rabobank 一方面通过并购建立自身的国际网络；另一方面设立了 Rabo Development 联盟，进一步与日本农林中央金库（The Norinchukin Bank）、墨西哥哥芬德拉银行（Banco Finterra）、拉美农业商业合作公司（Latin America Agribusiness Development Cooperation）、乌干达第六大银行 UFCU 等组成战略联盟，保证世界每一个角落的农业企业都可以得到需要的资金和知识支持。

②推动不同机构和组织间的交流：如通过"Virtual Farm Club"平台以社交网络方式促进客户之间的交流；定期举办议会，就近期的银行发展、流程、产品等进行讨论，寻求议会成员意见；为大型企业提供农业领域的专业权威资讯服务；与各大国际非营利性组织进行合作；帮助中小型农场提高收入等。

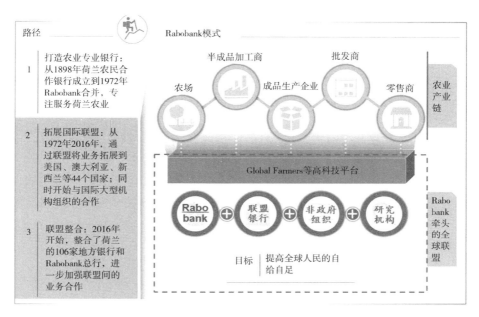

**图 8 – 5　Rabobank 通过战略联盟构建全球农业生态圈**

③构建技术领先的业务平台：聚集广泛的金融资源和行业资讯，借助大数据、人工智能等新技术，打造"全球农场"在线平台（Global Farmers），从社群、在线工具和信息三方面服务和赋能会员农场主。其中，工具部分聚焦土壤地图、市场分析等最贴近农场主生产决策的洞察。目前"全球农场"平台已经吸引了全球超过 6000 家农场入会。

④建立圆桌会议形式，强化业内专业权威地位：参与多个全球可持续性生产圆桌会议，包括 GRSB（牛肉）、4 – C 协会（咖啡）、RSPO（棕榈油）、RTRS（大豆）、Bonsucro（糖）等。

（2）Rabobank 牵头构建全球农业生态圈的逻辑：

①行业银行战略的自然拓展：Rabobank 是由两家荷兰的农村信用社合并而来，农业是它基因的一部分，其向农业行业的贷款占其贷款总额的 2/3。其在占据荷兰农业金融 85% 的市场份额后，通过构建全球联盟迅速打破业务的地域约束，同时进一步增强自身在全球农业行业中的

地位。

②战略性开拓 B 端生态圈：Rabobank 避开竞争激烈、自身基础较弱的 C 端生态圈，充分利用行业银行形成的深度客户洞见和广泛专业网络开拓 B 端生态圈。面对 B 端客户，Rabobank 依然秉承了客户体验为核心的宗旨。

③打造农业专业银行：从 1898 年荷兰农民合作银行成立到 1972 年Rabobank 总行成立，农业一直是 Rabobank 的核心业务，其总行和各地方分行专注服务荷兰农业全产业链。在与农业企业的深入交互中，Rabobank 开创了多种针对性的农业金融产品和服务，如偿还金额与农业季节性挂钩的农业贷款；又如创设了农村经理制度，在 40 多个农业产业聚集地安排了100 多名农村经理，向农户提供金融之外的农业知识和解决方案。

④拓展国际联盟：从 1972 年到 2016 年，通过自身拓展和广泛联盟相结合的方式将业务拓展到美国、澳大利亚、新西兰等 44 个主要农业国家。其中在 2006 年之前，Rabobank 在各国的分支机构享有较大的战略自治权，而从 2006 年开始，这些权力被逐步整编回归 Rabobank 荷兰总行。在同一时期，Rabobank 与大型国际组织如联合国、世界自然基金会、Nuffield 基金会、国际农业记者联合会（IFAJ）等的合作也逐步展开。

⑤联盟整合：2016 年 1 月，Rabobank 总行和位于荷兰的 106 家地方银行通过兼并重组采用了新的组织架构和治理模式。在整合前，Rabobank 各地方银行持有独立的银行业务牌照，Rabobank 总行依法行使监督的权利。这种独特的治理结构在金融危机后面临新的监管和业务挑战，因此作出了相应的调整。这一调整从客观上进一步增强了联盟银行之间的业务衔接与互动。

（3）该模式的优缺点和对银行的启示：

①战略联盟模式允许中小型银行撬动联盟伙伴的信息、资金、技术和人才，承接单一银行无法承接的业务，同时更好地服务现有客户。同时，联盟形式的合作不会对银行现有业务模式造成重大改变、允许银行

以低成本的方式快速拓展银行业务地域等。

②在国内，杭州银行就是通过以创投机构为核心的战略联盟，深耕新三板科技企业与文化娱乐企业等领域，构建起金融产业一体化生态圈。这一生态圈的重点在于对创投服务的深度渗透，因此杭州银行以把握创投渠道为核心，与创投机构（PE/VC）专业合作，名单式转介已投/拟投客户，并全程撬动它们的尽职调查能力和业务发现能力，共同协助科创与文创企业进行挂牌、发债等业务。另外，杭州银行还将合作的触角延伸至政府机构（发展改革委、文创办、经信委等）、特色园区（文创园区、高新技术园区、经济开发区等）、行业协会、会计师事务所、律师事务所等各领域，建立长期合作关系，充分撬动各方资源以实现目标客群的端到端经营。

**4. 模式四：通过商业合作参与生态圈**

银行直接从互联网平台企业等业务场景公司购买流量/线索，双方联合提供金融产品/服务。

渤海银行与借呗在客户引流、联合贷款、金融科技等方面商业合作良好，是 30 家与借呗合作的银行中很有代表性的。在互联网思维与能力建设方面进行了一系列尝试和探索，提高了双方合作的相互依赖程度，突破了银行在类似合作中成为白标资金提供方的困境（见图 8-6）。

（1）渤海银行与借呗商业合作的主要特点：

①双方均非排他性合作：借呗引流平台已经和超过 30 家银行合作，而渤海银行也与平安普惠、神州租车等其他平台合作提供消费金融产品。

②联合为消费者提供无缝消费体验：渤海银行的产品完美融入借呗的消费场景，除监管要求的信息披露和消费者风险评估外，消费者基本不会感知从借呗场景到渤海银行场景的切换。

③保护核心数据和风控模型：一方面，渤海银行拥有自己的核心风控模型，对已经通过借呗风险初评的客户进行双重授信；另一方面，渤海银行严格保护客户核心数据，其主要从借呗单向引入客户信息，仅向借呗输出业务合作必需的非核心数据。

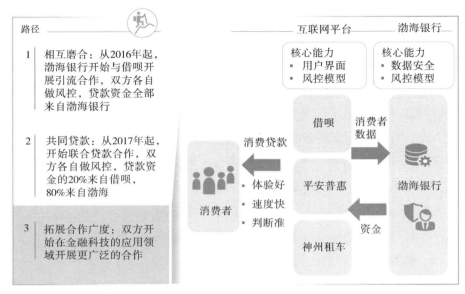

**图 8 – 6　渤海银行与借呗等互联网平台建立商业合作**

④逐步构建合作护城河：比如建设从天津到杭州的专用数据传输网络、将快捷支付捆绑合作并收取很具竞争力的手续费、为阿里在天津的战略布局提供落地资源支持等，渤海银行逐步拉高其他银行的竞争成本。

（2）渤海银行与借呗商业合作的逻辑：

①参与而非主导生态圈的总体思路：渤海银行的规模和影响力决定了其不具备主导生态圈的能力，而且其在战略中也尚未明确提出生态圈的整体规划，因此采用试错成本比较低的参与模式是上策。

②清晰界定商业合作的价值：渤海银行对于合作双方的能力互补有清晰的判断，主要期望借助互联网公司的获客引流能力，以较低的成本迅速扩大获客业务场景和获取客户行为数据，而尚未决定开展其他更深层次的业务和流程融合，因此形式较灵活的参与模式也更适合它。

③双方客群契合度高：一方面，比渤海银行规模更小的银行无法满足借呗的新客审批通过率（40%）要求，不能助力借呗业务增长，因此无法与借呗合力服务客群；另一方面，比渤海银行规模大的银行和借呗

的客群高度重复，看不到借呗引流客群的价值。因此，渤海银行和借呗能自然产生客群的协同效应。

④双方文化契合度高：渤海银行是国内最早成立互联网金融中心的银行之一，与互联网平台的合作意愿强，而且具备互联网思维，决策流程相比大银行更灵活。这些文化的相似性奠定了双方良好合作的基础。

（3）渤海银行通过商业合作参与借呗生态圈的路径：

①相互磨合：从2016年起，渤海银行开始与借呗开展引流合作，双方各自做风控，贷款资金全部来自渤海银行。

②共同贷款业务：从2017年起，双方开始联合贷款合作，双方各自做风控，贷款资金的20%来自借呗，80%来自渤海银行。

③拓展合作广度：双方开始在金融科技的应用领域开展更广泛的合作。

（4）该模式的优缺点和对银行的启示：

商业合作是目前运用最广泛的合作模式，其优点在于成本低、执行快、针对性强、灵活性高。但是其缺点也很突出，如合作双方的相互约束力比较弱，银行容易丧失品牌认知度和忠诚度等。

对银行而言，采用商业合作模式时要尽力避免成为白标资金提供方的角色。

## 四、业界探索案例

（一）业界探索案例之一：工商银行与故宫通过连接构建生态圈的启示①

2019年1月7日，故宫博物院为期三个月的"贺岁迎祥——紫禁城

---

① 顾月. 当故宫遇上宇宙行：记者亲历紫禁城里过大年［EB/OL］. https：// m. 21jingji. com/article/20190107/herald/ebf8f1c052607d2fc05b73eb8711e7b6. html. 此部分图片都来源于此。

里过大年"展览在北京正式拉开帷幕。这是 600 年的紫禁城第一次面对公众，恢复多种昔日皇宫过年的装饰、活动，展示紫禁城过年时的喜庆样子，真真正正地让收藏在禁宫里的文物、陈列在广阔大地上的遗产、书写在古籍里的文字都活了起来。同时，这也是故宫博物院建院以来提用文物最多、展场面积最大的展览。

图 8-7　道道宫门贴门神（21 世纪经济报道记者　顾月　摄）

图 8－8　五帝御笔福（21 世纪经济报道记者　顾月　摄）

这座接近 600 岁的紫禁城，正在不断推陈出新，从文创、淘宝、新媒体到咖啡厅，打造着领跑时代的文化 IP，并不断同金融机构合作，将故宫文化推向中国乃至世界。"故宫＋互联网"已然圈粉无数，而"故宫＋金融"又将打造出什么样的火花？

据 21 世纪经济报道记者根据公开资料不完全统计，目前故宫与工商银行、建设银行、农业银行、民生银行、浦发银行、华夏银行等多家银行都签署了合作协议，推出了多张主题信用卡。其中，工商银行作为本次展览的独家联合推广单位，不仅推出了故宫元素的信用卡，还推出了借记卡、贵金属、节庆主题存单等特色产品。

图 8 – 9　部分展品（21 世纪经济报道记者　顾月　摄）

图 8 – 10　工银故宫联名信用卡（21 世纪经济报道记者　顾月　摄）

工商银行行长谷澍表示，"贺岁迎祥——紫禁城里过大年"主题展览活动是为了让更多的中国人在阖家团圆中体验中国文化、在浓厚的文化氛围中感受别样年味，过一个特别的"中国年"。工商银行作为独家联合文化推广单位，将积极发挥渠道优势、充分利用金融的力量，举办一系列具有金融和工行特色的"故宫陪你过大年"活动，把富有永恒魅力、具有当代价值的文化精神以人们喜闻乐见的方式传播出去、推广开来。

**图 8 - 11　工商银行行长谷澍（21 世纪经济报道记者　顾月　摄）**

时任故宫博物院院长单霁翔表示，此次故宫博物院己亥春节大展将以破纪录的近千件文物展示数量，通过文物展览、实景体验等形式，采用多种技术手段，恢复昔日皇宫过年场景，工商银行也会和故宫博物院携手，共同实现"文化＋金融＋科技"的有机融合。

**图 8-12　时任故宫博物院院长单霁翔（21 世纪经济报道记者　顾月　摄）**

　　据 21 世纪经济报道记者了解，工商银行后续将与故宫深化战略合作关系，共同打造金融文创新生态，以丰富的金融产品、广泛的传播渠道、多元的应用场景为载体，推动中华优秀传统文化的传承与发展，构建涵盖文化创意、传承、消费、产业升级等全方位的文化金融服务体系。比如，工商银行将推出更多故宫元素主题的联名信用卡，持卡人可在工银信用卡官方 App "工银 e 生活" 上使用 AR 功能，随时随地 "零距离" 体验故宫文化，感受传统文化的新活力。

（二）业界探索案例之二：建设银行全面开启"第二发展曲线"、B端赋能、C端突围、G端连接的探索①

展望未来，伴随着互联网、区块链、人工智能、5G技术等在金融领域的运用，银行向数字化、网络化、智能化转型已是不得不然的选择。中国建设银行在此也已经进行了新探索，培育形成数据的整理能力、数据的洞察能力、社会资源的金融化整合能力和社会问题的金融化解决能力，尝试建立新生态圈，全力开启"第二发展曲线"，创新未来动力引擎，着力B端赋能，营造共生共荣生态，做企业全生命周期伙伴；强化C端突围，根植普罗大众，做百姓身边有温度的银行；推进G端连接，助力社会治理。

在第一曲线状态下，银行的主要功能在于发展存贷款，建设银行一直助力社会建设公路、铁路和桥梁等基础设施，推动工业化、城镇化进程。而开启第二曲线，则是要求建设银行"围绕社会痛点问题，提供金融解决方案，并转向智慧生态，让人们生活变得更加便捷、舒适和美好"。具体而言，就是要围绕B端、C端和G端三个维度开启转型和重构，重新定义新时代银行的功能，找到银行新的角色定位。包括：B端赋能，营造共生共荣生态，做企业全生命周期伙伴；C端突围，回归普罗大众做百姓身边有温度的银行；G端连接，助力社会治理成为国家信赖的金融重器（见图8-13）。

"工欲善其事，必先利其器。"建设银行的"利器"就是金融科技，通过聚合前沿科技、金融场景、创新商业模式的"生态朋友圈"，全方位提升了对现代科技的吸收、转化和实践能力，全面实施金融科技"TOP+"战略，成立建信金融科技公司，整合形成七大核心事业群，将新一代核心系统延伸覆盖到海外机构和子公司。

---

① 田国立. 建设银行全面开启"第二发展曲线"、B端赋能、C端突围、G端连接［EB/OL］. https：//www. sohu. com/a/309314852_120057347. 此部分图片都来源于此。

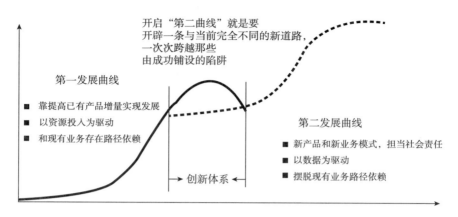

**图 8 – 13　中国建设银行发展曲线**

在此基础上，B 端的赋能跳出固有的格局，营造共生共荣生态，做企业全生命周期伙伴。服务开展"拉清单"：为 B 端客户搭建开放平台，互为助力营建共生共荣生态；开放共享，助力企业加快数字化转型升级；帮助企业优化再造经营管理模式，实现降本增效，提高生产和运营效率；帮助上下游企业找投资、找技术、找服务、找项目，从"资端"转向"智端"；推动传统产业链升级再造和客群协同发展。

C 端的突围，要实现客户用户化：从客户思维转向用户思维，实现新的价值增长；产品服务化：满足人们对产品的价值诉求，产品即是服务；服务智能化：以"比用户更懂用户自己"的深刻洞察，"对用户真诚关怀"，利用人工智能提供无限丰富的可能，围绕消费、投资、保障这三大场景，构建财富管理生态系统。搭建开放共享平台，构建各类生态圈：建设开放银行平台，提供多种模式的金融服务出海，在第三方应用嵌入账户管理、缴费支付、投融资，为客户提供无处不在的金融和非金融服务。

G 端的连接，银行和 G 端深度互联合作，涉及行业管理、城市和社区治理、农村治理等方面。当前的举措包括开展住房租赁综合服务，推动政务服务"掌上办、指尖办"、开发"药品溯源码"平台等。现代金融与 G 端的关联度越来越大，作为大型商业银行，建设银行要在提供公共产品、优化公共服务上发挥重要作用，一切社会"痛点"皆是机会，抓住了"痛点"，拿出了金融解决方案，社会和公众自然会给予银行积极回馈。可以说，以前"哪里有重点建设，哪里就有建设银行"，现在是"哪里有社会痛点，哪里就有建设银行"。

　　例如，在云南，通过与政府合作，建设银行云南分行与云南省政府打造了"一部手机办事通"。这是一个助力云南省政府打造联通"省、州、县、乡、村"五级政府机构的智慧政务服务 App，已于 2019 年 1 月 10 日正式上线运行。云南辖内全部 319 个建设银行网点的 1581 台智慧柜员机开通智慧政务功能，包括看病、办医保、考资质、找工作、法律服务、办户口、婚育……今后，云南人只需一部手机就可以轻松搞定啦（见图 8 – 14 和图 8 – 15）！

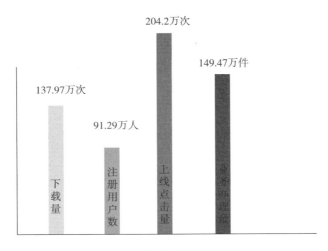

**图 8 – 14　智慧政务数据统计**

注：数据统计截至 2019 年 2 月 19 日。

图 8-15　智慧政务卡通

　　社会属性赋予了银行解决社会问题的责任，现代科技和金融服务深度融合则使银行提供专业化金融解决方案成为可能。在保障原有核心业务稳定性和生存资源安全性的基础上，坚持开放共享生态建设的理念，以服务社会发展进步、推动产业转型升级为目标，以"金融＋科技"赋能社会的信息化、智能化转型，在提升服务社会能力中全力构造"第二发展曲线"。

第九章

# 网点明天

## 向正在生成的未来学习

大家都只关心明天下不下雨，但却忘记了未来会进入什么季节。

——著名思想家、《连线》杂志创始主编凯文·凯利

## 一、网点转型方向与路径：五角星形模型

毫无疑问，银行业如今陷入自身增长乏力和外面强烈冲击的双重考验。其中银行网点的转型面临的挑战尤其艰巨。为何会陷入这种被动局面？是战略错在哪里吗？

银行并没有做错什么。只是在银行战略看不到的盲点，互联网企业以用户体验为切口，不断侵蚀传统银行市场。

克莱顿·克里斯坦森在《创新者的窘境》中提到"就算我们把每件事情都做对了，仍有可能错失城池。面对新技术和新市场，往往导致失败的恰好是完美无瑕的管理。"

在过去十年，银行关注的是延续性的创新。按照之前取得成功的轨迹进行探索，特别是上市银行有严格的财务指标，因此每年总行忙着制定任务，分行分解任务，支行执行任务。在与客户接触的表现层面，银行网点为了完成固定任务（存款、中收等指标），是以产品为中心的导向向客户推销产品，导致客户与银行的关系没有黏度。

另外，中国互联网企业在过去十年来蓬勃发展。它们采用的是"破坏性的创新"，提供的产品或服务通常价格更低、性能更简单、体积更小，织起"天网"覆盖长尾客户。同时，互联网企业以客户为中心，小步快走，快速迭代，当达到某一程度时，客户往往会被过度满足，借由互联网传播的特性，用户以指数量级增长，最终颠覆整个市场。这样的例子，不胜枚举。正如 Uber 对出租车、智能手机对于数码相机、NETFLIX 对与 DVD 租赁公司、"余额宝"对于银行传统理财一样。

所幸在互联网的"下半场"，围绕着客户，围绕着人民对美好生活的向往投准"痛点"，商业银行仍可当主演，但需开展更具前瞻性的变革。为此我们提供了理论化、体系化的银行网点转型、破局的方法论——五角星形模型。

正如凯文·凯利说："下雨时每一滴水会如何进入到山谷，这个路线

是肯定无从了解的。但是你一定知道方向——因为有重力，所以必然向下。而类似于必然发生的'重力'，商业趋势也是必然的，总体趋势一定能够预知。"

关于银行转型反击的文章可谓"乱花渐欲迷人"，但归根结底，未来的总体趋势是以客户为中心的，正如重力是向下的。在此判断下，我们围绕智慧化、轻型化、特色化、人本化、生态化五大形态，为读者提供最佳模式与实践路径，希望有所借鉴。

银行转型的方向是五角星形模型，但是这"五化"并非是孤立的，是互相联结的。"五化"既是单独的"五化"，更是无招胜有招的一个整体。例如，中国的银行业在"五化"道路上持续探索值得业务借鉴。

## 二、在路上：中国银行以满足人民对美好金融服务为导向网点转型系列探索

### （一）中国银行北京分行"5G 智能 + 生活馆"的探索

**1. 未来已经来临，只不过分布不均而已**

2019 年 5 月 31 日，中国银行在北京推出银行业首家"5G 智能 + 生活馆"的智能网点。中国银行总行负责人在致辞中表示，"5G 智能 + 生活馆"是一种新的网点业态，以"5G""智能 +"为主打概念，以科技为关键支撑，以"金融融入生活"为核心理念，是中国银行科技引领战略实施的又一力作，初见未来智能银行的端倪。

当前，银行业正在经历一个重要的转型期。客户认知产生根本变化：银行不再是客户必须去的地方，而是弱化成一种随时可得的服务，选择权从银行向用户转移。选择权转移的背后，是互联网企业在金融领域的跨界冲击。这些因素正在倒逼银行重塑网点，构建一种崭新的模式与消费者互动，拉近彼此间的距离。

在变革正当时的背景下，国内众多银行一起对银行渠道变革、网点升级进行了长足深远的探索，并响应银行智能化升级的呼声，将 5G、人工智能、大数据等创新性技术有机融入网点建设中，为客户提供方便快捷、有辨识度、有温度的智能服务，成为客户心中"矗立在科技与人文十字路口"的银行。

### 2. 5G 开启黑科技之门的钥匙

2019 年是 5G 产业进入全面商用的关键一年。5G 不仅意味着数百倍于 4G 网络的传输速度，它的革命性在于，5G 之后，设备与设备之间可以直接传输信息，宛若一把开启众多黑科技大门的钥匙。因此得益于 5G 技术，我们可将生物识别、影像识别、大数据、人工智能、语义分析、AR、VR、流程自动化等科技引入网点建设，钢筋水泥的银行网点像生物体一样有了智慧。

在中国银行北京分行"5G 智能＋生活馆"，当客户走进银行网点，无须工作人员协助，无须携带身份证和银行卡，网点通过刷脸方式认知客户，为客户提供无卡业务办理、大额现金与外币存取等基础服务，大数据和智能 AI 能为客户量身定制金融产品服务，让客户所想即所得。

中国银行北京分行"5G 智能＋生活馆"还能进行主动的风险防范，为客户提供更精准、更高效的风控管理。当客户进行金融交易时，智能风控系统会基于大数据运算，采用多种方式交叉核验用户身份，实时判断用户的风险等级。另外，智能风控系统还能对客户到店信息进行采样，对其在网点内的行为进行追踪与风险评估。

### 3. 从客户的眼睛看世界

从客户的眼睛看世界，从做功能向做体验转变。我们将人置于银行服务的中心位置，认可当下客户"有趣的灵魂百里挑一"的心声，网点除了能提供简洁智能的金融服务，也能输出契合个性的泛金融服务，所谓"能打能抗""攻防一体"，在物境、情境、意境上打造有趣体验，让网点从"不再是客户必须去的地方"变成"客户想去的地方"。

在中国银行北京分行"5G 智能 + 生活馆"中，我们结合网点周边金融生态圈，将咖啡休闲、茶博馆、社交娱乐等第三方功能在大堂进行体验。客户在办理金融服务的同时，可自助品尝咖啡，感受咖啡文化、拉花打印机还能将客户喜爱的图片打印在咖啡上，为客户带来更奇妙的咖啡之旅。在 5G 智能 + 金融生活茶博物馆，客户可以通过观赏世界各国的茶叶，以茶叶为介，感受世界各国的饮茶习惯，了解五彩缤纷的茶文化等。

**4. 为智慧网点开拓更丰富的未来**

我们通过与金融上下游及非金融企业的合作，整合渠道，推进网点转型。让客户享受更优质的服务内容，获得更暖心的服务体验。

中国银行"5G 智能 + 生活馆"将金融服务嵌入第三方的交易场景中，通过人工智能使金融服务与消费场景相融合，为客户提供跨境金融、聪明购、AR 贵金属、AR 互动拍照、VR 看车等服务。客户可以穿戴 AR 设备体验贵金属试穿试戴和购买场景，佩戴 VR 设备体验汽车配饰定制和消费分期场景，还能在定制场景中和虚拟景象进行互动拍照留念，在聪明购商城，通过网上支付购买相关产品。

中国银行北京分行"5G 智能 + 生活馆"的出场惊艳了大众，给银行业开启一扇窗，呼入更多自由创新的空气。

## （二）中国银行天津分行"5G 智能 + 民生馆"的探索①

如果说中国银行北京分行的"5G 智能 + 生活馆"是中国银行面向未来进行转型探索的标志性开始，那么中国银行天津分行的"5G 智能 + 民生馆"则是将展示级推向应用级的升级之作。

为满足人民对美好生活的向往，中国银行持续探索新金融。2019 年

---

① 贾立梁. 中国银行"5G 智能 + 民生馆"亮相津城　提升服务体验［EB/OL］. http：// www. cnr. cn/tj/jrtj/20191012/t20191012_524812441. shtml. 此部分图片都来源于此。

10月，中国银行"5G智能+民生馆"亮相天津，这是天津地区银行业首家深度融合5G元素和生活场景的智能网点，也是中国银行在国内的第二家"5G智能+"系列品牌网点。

中国银行"5G智能+民生馆"以"5G""智能服务""民生金融"为主打概念，以科技创新为关键支撑，以"金融融入民生"为核心理念，打造跨界新金融、新零售、新场景的综合金融新业态。这是中国银行践行科技引领发展战略，深刻洞察市场趋势和客户需求，实现网点转型的又一积极探索。

图9-1　"5G智能+民生馆"内景图

**1. "民生馆"以"让美好发生"为整体设计理念，让金融不断满足人民对美好生活的向往**

整个民生馆设置10个主题分区。日晷迎宾岛、智能服务区、休闲等候区、业务体验区、理财销售专区五大分区构成业务办理动线，实现无感服务，分层管理，精准营销；跨境金融区、便民服务区、智慧出行、企业赋能区、结缘奥运区五大分区构成场景体验动线，聚焦出行、跨境、小微、普惠等公众核心关切场景，让金融回归本源，更好地服务社会经济发展。

在中国银行的网点转型探索中，搭建 5G 网络环境，运用 AI 智能技术，发掘更多科技与金融融合应用场景，实现智能识客、无感服务、精准营销、集成管理等多重智能元素，让科技为金融服务赋能。

5G 全球智能互联，针对 C 端客户提供全球远程专家连线咨询服务、对 B 端客户提供全球资源对接、企业跨境撮合等服务。

人脸识别新营销系统，客户到店即可实现分类识别，进行客户分层管理和针对性的营销服务。

无感智能柜台，可以实现无卡、无折、无证轻松办理；社保卡即时发卡、现金版智柜等机具设备替代 95% 以上的人员操作工作，大大提升用户日常业务办理的效率。厅堂智能机具设备的合理布设运用，大大减轻了厅堂柜员的工作压力。

图 9－2　智能服务区

在理财销售专区，智能服务茶几和产品互动屏的结合，以及创新推出客户与员工"肩并肩"的服务模式，让高柜解放出来的柜员变身为厅堂服务经理，在互动交流中一站式为客户提供有温度、专业化、定制化的服务。

整体厅堂设计还运用物联网智能控制系统，通过智能中控系统（设备集成控制）、智能环境系统（灯光环境控制）、智能畅听系统（声量音乐控制），大大减轻了厅堂设备的零散碎片式管理，实现整个厅堂的智能互联和集中化管理。

图 9 - 3　理财销售专区

**2. 线上与线下场景结合，打造全渠道的服务体验**

数字化技术赋能线下网点，打造全渠道的服务体验，主动引导和培育客户线上行为习惯。

智能服务茶几支持客户咨询及扫码办理手机银行爆款产品，如民生缴费、信用卡、ETC 等，使该区域成为主动引导和培育客户线上行为习惯的基地，也成为线上线下交叉引流的重要入口。

产品畅游岛展示了中国银行发行的所有信用卡卡面，客户可点击查看信用卡相关介绍，并可即刻在线申请发行期信用卡。

跨境金融区是民生馆的一大亮点，以覆盖客户出境全旅程为主线，聚焦留学、商旅等核心主题。通过多媒体创意互动操作设备（出境拍照屋、签证易站通、跨境指南岛、外币猜猜猜、跨境面对面、5G 互联等），强化其核心的外汇专业银行的特色，打造一站式的跨境金融服务拳头品牌。签证易站通，对接中银签证通产品，详细介绍数十个国家/地区的签证要求，支持在线填写相关表格，让签证办理更轻松；跨境指南岛，提供贯穿从申请学校到整个留学过程，从签证前到签证后，从出国前、出国中到回国后全过程产品指南，可以根据自己所处留学、旅游的阶段，了解现阶段最全面的金融及非金融服务；外币猜猜猜，通过互动游戏科普客户对外币知识的理解，游戏环节嵌入外币智取通的在线预约功能，客户扫码即可在线预约外币现钞。

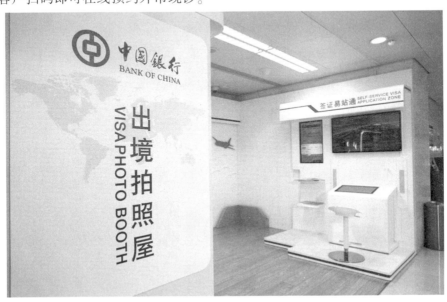

图 9 - 4　签证易站通

企业成长树以互动模式为小微企业、初创企业提供孵化指南，形象展示中国银行综合性金融服务，充分满足小微企业、初创企业各成长阶段金融需求。

**3. 金融与非金融场景融合，打破金融服务边际，全方面满足客户金融需求**

从进门便可看到的中国银行温度、中国银行资讯、利率汇率环屏等多媒体互动设计为客户打造"沉浸式"体验，提供有温度的金融服务。

自2018年4月以来，中国银行与天津轨道交通集团合作开展的智慧出行金融服务已经惠及市民超过4000万人次。在这里，地铁车厢空间的模拟布局让客户获得身临其境的感受，通过权益互动屏，客户可以清晰地查询特色权益，详细了解"周周捉锦鲤""一元乘地铁""立享随机优惠"等丰富的中国银行智慧出行惠民便民服务。

**图9-5　智慧出行**

"民生馆"充分考虑小微企业、初创企业金融需求，设立企业赋能区，提供政策咨询、账户管理、跨境撮合等综合性金融服务。在这里，对接"企业开办一窗通"服务，支持一站式完成工商注册、税务登记并开立对公账户，全程仅需40分钟，实现"让信息多走路、客户少跑腿"，以金融科技赋能企业成长。

图9-6　企业赋能区

中国银行是国内唯一一家"双奥"银行合作伙伴，结缘奥运区，把更高、更快、更强的奥林匹克精神传递给客户，满足全民奥运情怀。

近年来，中国银行陆续推出和启动了手机银行、智能柜台、智能客服、智能投顾、智能风控、交易银行等一系列科技创新，天津分行根植津沽大地，创新推出智慧出行、智慧校园、智慧民生、智慧医疗等智慧系列金融服务，一个以新型科技武装起来的中国银行正在向客户走来。未来，中国银行将继续深耕智慧领域金融服务，满足人民的金融服务需求，为国计民生的改善贡献更大力量，为天津这座现代化"智港城市"增添更强动能！

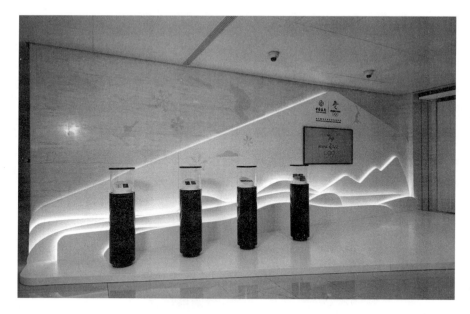

图9-7　结缘奥运区

### 三、无招胜有招，满足人民群众对美好金融服务的需求是王道

正如前文所述，银行转型的方向是五角星形模型，但是这"五化"并非是孤立的，是互相联结的。"五化"既是单独的"五化"，更是无招胜有招的一个整体。以中国银行的网点转型系列探索为例，五角星形模型之"五化"是融入其中的。

#### （一）以5G为代表的高科技应用是中国银行网点智慧化转型的集中表现

未来银行最大的趋势即是宛若生命体一样，拥有智慧，能看得见、听得清、说得出、读得懂、猜得准，实现与客户智能交互，提升客户体验，为网点降本增效。在中国银行的网点转型探索中，搭建5G网络环境，发掘更多5G与金融融合应用场景，实现智能识客、无感服务、精准营销等多重智能元素，满足与用户需求的无缝衔接。在这里，客户无须带身份证等证件，就可以实现无卡、无折、无证轻松办理。通过人脸识别新营销系统，客户到店即可实现分类识别，进行客户分层管理和针对性的营销服务。

（二）突出一站式的跨境金融服务是中国银行网点特色化的集中体现

银行物理网点的特色化是未来的必要趋势。网点需要通过业务特色、服务特色、文化特色、环境特色给客户留下记忆点，把网点从"不是客户必须去的地方"，变成"客户想去的地方"。在中国银行网点的转型探索中，强化其核心的外汇专业银行的特色，打造一站式的跨境金融服务是中国银行网点特色化转型的集中体现。通过多媒体创意互动操作设备，向客户提供全面、直观、可视化的产品服务交互体验，让用户在游戏和娱乐中完成从申请学校到整个留学过程，从签证前到签证后，从出国前、出国中到回国后全过程，凸显中国银行服务网络覆盖广、国际业务经验丰富、综合经营平台协同的优势。

图9-8　一站式跨境金融服务

图片来源：中国银行北京分行、中国银行天津分行绘制。

（三）打造快速方便的自助服务是中国银行网点轻型化转型的集中表现

推进轻型网点建设是目前银行业加速网点转型与提升网点竞争力的主要着力方向。在这方面，中国银行着力通过运营轻型化，打造快速方便的自助服务，精减人员。支持客户即刻扫码办理相关业务，使该区域成为主动引导和培育客户线上行为习惯的基地，也成为线上、线下交叉引流的重要入口。

这样，改变过去客户围绕着银行人员转的模式，银行人员以客户为中心提供服务，让客户通过自助设备自主快捷办理业务，提高客户的满意度，同时实现网点轻型化。

（四）无所不在的温馨便利服务设施是中国银行网点人本化转型的集中体现

提到人本化，一般银行都会配备便民服务、劳动者港湾、爱心座椅这些设施。在这方面，中国银行的探索体现更多的温馨。例如，在业务体验区，设置智能体验茶几，嵌入手机银行爆款产品，如民生缴费、信用卡、ETC 等互动功能，帮助客户在等待的同时能够了解新产品。同时，休闲等候区座椅设置在最靠近服务柜台的位置，设置有叫号屏、手机无线充电、电源插口，完善等候区的便民功能。从用户的眼睛看世界，实现全流程的客户体验改善，这便是网点转型的方向。

（五）通过金融 + 场景的方式服务客户端到端的金融相关需求是中国银行网点转型生态化的集中体现

对于银行而言，生态圈的精髓是主动打破边界，银行从客户潜在痛点出发，挖掘一系列解决客户痛点的场景和机会点，从而将金融产品全方位、无缝插入客户旅程端到端的相关场景中，满足客户全方位的需求。

最终给银行带来海量数据、多元场景的客户，以及打通价值链，提升风险经营的核心能力。

在中国银行网点转型的探索中，聚焦社保、出行、跨境、小微、普惠等公众核心关切的场景，通过金融＋场景的方式，用更贴近时代、更融入生活、更让老百姓喜闻乐见的方式提供高品质金融服务。例如，在这里，中国银行设立了企业赋能区，充分满足小微企业、初创企业金融需求，整合第三方合作资源，提供政策咨询、账户管理、跨境撮合等综合性金融服务。支持一站式完成工商注册、税务登记并开立对公账户，全程仅需40分钟，实现"让信息多走路、客户少跑腿"，以金融科技赋能企业成长。

以"五化"为方向，中国银行天津分行充分激发网点活力，进一步优化厅堂布局、创新服务模式，探索构建适应新时代市场趋势和客户偏好的整合营销、联动服务体系，充分激发厅堂经营者、员工和客户活力，实现更有力度的网点价值创造。

图9-9　网点布局

图片来源：中国银行天津分行绘制。

当然，"五化"并非是孤立的，它们互相连通成为一个整体，共同代表商业银行未来的转型方向。在中国银行案例中，设计在物联网、智能科技的加持下，打通线上线下、金融非金融服务，把展示级场景推向应用级。对于中国银行天津分行来说，这是天津市场第一家5G智慧网点，也是中国银行第二家 5G 智能＋品牌系列网点，是中国银行充分总结"5G 智能＋生活馆"建设经验，结合天津本地市场特点、业务结构、客群偏好和发展趋势等多方面因素，主动开展的网点转型和业态创新探索。

### 四、明天之路：新网点，新金融

党的十九大报告为我们指明路径——中国特色社会主义进入了新时代，我国社会主要矛盾已经转化为人民日益增长的美好生活需要和不平衡不充分的发展之间的矛盾。新起点、新要求，砥砺奋进再出发，满足人民对美好生活的向往成为发展的新目标。

一项调查研究表明，45% 的受访者表示现在的生活离他们的期待仍有不少差距。

党的十九大报告指出，我国社会主要矛盾已经转化为人民日益增长的美好生活需求和不平衡不充分的发展之间的矛盾。

了解人民日益增长的美好生活需要与不平衡不充分的发展的原因是解决这一矛盾的核心。

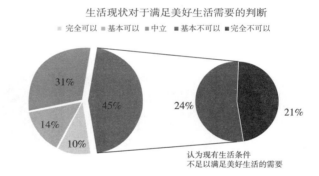

生活现状对于满足美好生活需要的判断

■ 完全可以　■ 基本可以　■ 中立　■ 基本不可以　■ 完全不可以

31%　45%　14%　10%　24%　21%

认为现有生活条件
不足以满足美好生活的需要

**图 9 - 10　追求更美好生活需要是新金融的前进动力**

资料来源：线上问卷，总观整理，www.analysys.cn。

对于商业银行网点来说，人民追求更美好金融服务生活的需求就是未来的努力方向。

如达尔文所言"能够生存下来的物种不是最强的，也不是最聪明的，而是最适应变化的"。在机遇和挑战并存的时代，商业银行网点转型赋能正当其时。我们相信将五角星形模型融入自身基因的银行，能在新的环境下脱颖而出。

在这个世界上，变化是唯一不变的主题。以客户为中心，急客户之所急，急客户之所需，急客户之所盼，全面满足人民对美好生活的向往就是网点转型发展的必由之路，这也是明天的新网点，也是明天的新金融。

展望明天，我们一直在路上！可以期待将有更多不一样的答案！未来，中国银行业的网点转型发展必将为世界银行业的发展提供成功的中国经验！

# 参考文献

［1］中国银行业协会官网，https：//www. china – cba. net/.

［2］中国工商银行官网，http：//www. icbc. com. cn/icbc/.

［3］中国建设银行官网，http：//www. ccb. com/cn/home/indexv3. html.

［4］中国银行官网，http：//www. boc. cn/.

［5］交通银行官网，http：//www. bankcomm. com/.

［6］招商银行官网，http：//www. cmbchina. com/.

［7］德勤. Bank3. 0 时代，银行网点何去何从？［R/OL］. http：//www. casplus. com/home. asp.

［8］韩晓宇. 2018 年五大国有商业银行年报分析［J］. 银行家杂志，2019（5）.

［9］麦肯锡报告，https：//www. mckinsey. com/featured – insights/china.

［10］中国电子银行网，http：//www. sohu. com/a/167649793_683734.

［11］李麟. 共享经济模式下智慧银行体系构建［EB/OL］. http：//www. sfi. org. cn/plus/view. php？aid = 1073.

［12］布莱特·金. Bank3. 0 时代——银行网点转型之道  移动互联时代的银行转型之道［M］. 北京：北京联合出版有限公司，2018.

［13］ATKEARNY. 银行全渠道的有效实现［EB/OL］. Useit 知识库.

［14］朱晓青. 银行服务设计与创新：运用设计思维重新定义银行转型［M］. 北京：电子工业出版社，2018.

# 特别致谢

本书的出版旨在与业界进行互动与交流，共同推动商业银行网点的转型与发展，进而共同努力提升民族银行业的发展。在本书写作过程中，曾参考借鉴许多前辈、同仁、专家学者等相关研究成果，在此特致谢意！前人的研究成果发挥了重要参考价值，本书已经在文中或参考文献部分标注。如有个别因出处不详的文献未能清晰标注，敬请谅解。在此，再次向被引用的文章的作者表达最深的敬意。本书虽然是作者多年管理实践及研究心血所成，但是，由于作者的水平有限，书中不妥之处，敬请读者批评指正！

最后，我要感谢家人一直无私地关怀和支持。对我而言，家庭是我永远的港湾！师长、亲人、同事、朋友们的支持与帮助是本书得以出版的力量源泉，在此，向各位曾经关心、帮助过本书出版工作的朋友们再次表示最衷心的感谢与诚挚的祝福！